W0191643

kosmos Naturführer

kosmos Naturführer

Jasper Nissen

Welches Pferd ist das?

130 Pferde-
und Ponyrassen in Farbe

Kosmos
Gesellschaft der Naturfreunde
Franckh'sche Verlagshandlung
Stuttgart

Mit 127 Farbfotos, davon 75 aus THE COUNTRY LIFE GUIDE TO HORSES
AND PONIES OF THE WORLD, © 1979, THE Hamlyn Publishing Group Ltd.,
Twickenham
ISBN 600 345 335
Bildnachweis Seite 48
13 Zeichnungen von Gisela Holstein

Umschlag von Kaselow Design unter Verwendung eines Fotos von Prenzel-
IFA

CIP-Titelaufnahme der Deutschen Bibliothek

Nissen, Jasper:
Welches Pferd ist das? : 130 Pferde- u. Pony-
rassen in Farbe / Jasper Nissen. – 10., völlig
neue Aufl. – Stuttgart : Franckh, 1987.
   (Kosmos-Naturführer)
   ISBN 3-440-05720-8

10., völlig neue Auflage
Franckh'sche Verlagshandlung, W. Keller & Co., Stuttgart/1987
Printed in Italy / Imprimé en Italie
L 9sp H rr / ISBN 3-440-05720-8
Satz: G. Müller, Heilbronn
Herstellung: Printer S.r.l., Trento

Welches Pferd ist das?

Einleitung

Vielleicht ist es angebracht, daß wir uns zu Anfang dieses Buches einmal die heutige Situation des Pferdes vergegenwärtigen. Betrachten wir stellvertretend für die Gesamtsituation auf der Welt die Verhältnisse in der Bundesrepublik Deutschland.

Seit dem ersten Erscheinen dieses Buches 1961 haben wir ein ungeheures, konjunkturell bedingtes Aufblühen des Pferdesports erlebt. Volksschichten, die früher nie etwas mit dem Pferd zu tun hatten, haben plötzlich ihr Interesse dafür entdeckt. Der Pferdesport in allen seinen Sparten, wie Galopprennen, Trabrennen, Dressur, Springen, Vielseitigkeit, Fahren, Jagdreiten, Voltigieren, Ponytrekking und die ganze Palette der Freizeitreiterei, hat breitesten Publikumsrückhalt. Pferderennen und Turniere wetteifern an Beliebtheit mit den Veranstaltungen anderer Massensportarten. Reitschulen sind wie Pilze aus dem Boden geschossen, neue Reithallen gebaut, Reitwege angelegt, Reitervereine gegründet worden. Von 1970 bis 1985 stieg allein die Zahl der Reiter, welche in über die Landesverbände der Deutschen Reiterlichen Vereinigung (FN) angeschlossenen Reitervereinen organisiert sind, von 195 000 auf 510 000. Auf der anderen Seite kam es nach dem II. Weltkrieg im Gefolge der Technisierung und Automatisierung von Landwirtschaft, Verkehr, Industrie und Handel und nicht zuletzt des Militärs zu einem Rückgang von Pferdehaltung und Pferdezucht in niemals vorhersehbarem Ausmaß. Inzwischen hat sich der Gesamtpferdebestand, der 1961 noch etwa 650 000 betrug, nach zwischenzeitlichem Tiefstand im Jahre 1970 von rund 200 000 heute bei rund 370 000 eingependelt.

Zahlenmäßig am meisten ist die Kaltblutzucht zurückgegangen. Sie stellt heute mehr oder weniger eine Spezialzucht dar für ganz bestimmte Aufgaben. Möglicherweise wird sie – man kann es nur hoffen – mit der stark zunehmenden Freizeit- und Robustpferdebewegung noch eine kleine Renaissance erleben. In einigen Zuchten sind schwache Anzeichen dafür vorhanden. Nicht zu wünschen ist es, wie ich meine, daß, wie etwa in Frankreich, Belgien oder Dänemark, die Kaltblutzuchten durch eine sich ausweitende Schlachtfohlenproduktion wieder zunehmen.

Die Warmblutzucht hat sich, soweit es ihr gelungen ist, sich auf die Produktion eines marktgängigen, vielseitig geeigneten Reitpferdetyps umzustellen, in ihrem Stutenbestand verjüngt und zahlenmäßig konsolidiert. Die Wege, die die einzelnen Zuchten in der Veredlung beschritten haben, waren recht unterschiedlich. Nicht alle haben zu dem gewünschten Erfolg geführt. Am schwersten hatten es naturgemäß die schweren Warmblut-Wirtschaftszuchten. Die meisten Zuchten bemühten sich um eine Veredlung mit Hilfe des Trakehners, teils ergänzt durch Englisches Vollblut sowie Anglo-Araber. Vor allem Oldenburg verdankt seine Veredlungserfolge hauptsächlich dem Anglo-Normänner Halbblut. Ostfriesland machte einen uns heute unglaublich anmutenden Selbstmordversuch mit Hilfe des Arabischen Vollblüters, vor dem es nur die „Hannoversche Umarmung" rettete; d.h., die Zucht als solche ging unter bzw. in der Hannoverschen auf. Holstein hat nach sporadischen unbefriedigenden Ergebnissen mit anderen Rassen nach der Auflösung des Landgestüts Traventhal mit der fast ausschließlichen Verwendung von Englischem Vollblut den Grundstein für seine großen heutigen Erfolge gelegt. Die aus der Panik geborenen Bestrebungen, die deutschen Warmblutzuchten unter einem „Standard-Typ Hannover" zu uniformieren, sind glücklicherweise wieder einem gesunden Konkurrenzdenken gewichen.

Als ich 1960/61 die erste Auflage von „Welches Pferd ist das?" schrieb, hätte ich kaum geglaubt, daß diesem Buch ein so langes Leben und eine so starke Nachfrage beschieden sein würde. Neun Auflagen in fünfzehn Jahren (1961–1976) waren eine stattliche Zahl, sicher zum Teil mit bedingt durch die allgemeine explosionsartige Entwicklung des Pferdesports.

Bücher, wenn sie mehrere Auflagen erleben, wachsen gewissermaßen und setzen Jahresringe an wie Bäume und manchmal auch einiges Moos. So war es auch mit „Welches Pferd ist das?". Seit seinem ersten Erscheinen hatte sein Umfang mit jeder Auflage zugenommen, bis er sich schließlich mehr als verdoppelt hatte. Erst diese 10., quasi „Jubiläums"-Ausgabe hat ein wenig „abgespeckt", da ich grundlegende Eingriffe vorgenommen und mich bemüht habe, den Text kürzer und prägnanter zu fassen, deutlich zu straffen und mich in meinen Ausführungen auf das Wichtigste zu beschränken. Als wesentlichste Neuerung ist die durchgehende Illustration mit Farbfotos hinzugekommen, wodurch meines Erachtens das Buch sehr an Attraktivität gewonnen hat.

Das Buch enthält natürlich nicht alle Rassen des Pferdes. Nur die bedeutendsten Rassen sind ausführlich behandelt. Gewichtsangaben habe ich nicht gemacht, da sie auch innerhalb einer durchgezüchteten Rasse stark differieren nach Geschlecht, Größe, Futterzustand; auch die Größenangaben sind bloße Richtzahlen, denn je nach Aufzucht und Geschlecht gibt es dort ebenfalls erhebliche Abweichungen. In meinen Ausführungen habe ich bewußt nicht nur das reine Zuchtziel gebracht, das häufig sehr kurz und reichlich vage gefaßt, z. T. auch überholt und nicht durch ein neues ersetzt ist, sondern ich habe mich bemüht, die einzelne Rasse mit ihren Vorzügen und Fehlern aufgrund eigener Anschauung und reichlicher Unterlagen zu beschreiben. Eine Literaturauswahl findet sich auf den Seiten 46 bis 48.

Ich hoffe, mit diesem Buch dem praktischen Pferdemann und dem interessierten Laien eine Möglichkeit zu leichterer Orientierung bei der Identifizierung der einzelnen Rassen zu geben, wie sie in dieser Form der Büchermarkt bisher vermissen ließ.

Danken möchte ich allen, die mich bei meiner Arbeit unterstützten: Zuerst meiner Verlagslektorin Friederike Specht für die gute und vertrauensvolle Zusammenarbeit. Mein Dank richtet sich an Wiebke Selbmann-Ivens, die mir 1960 den ersten Anstoß zu dieser Arbeit gab. Danken möchte ich aber auch meiner Frau und unserem Gestütsteam für das Verständnis dafür, daß die Entstehung von Büchern Zeit erfordert, die anderswo durch Mehrarbeit ausgeglichen werden muß, und Lotta Fornstedt für „moralische Aufrüstung"! Ihr möchte ich dieses Buch zueignen!

Gestüt Penarpsgården
Förslöv, Schweden
im Juli 1986

Jasper Nissen

Kurze Entwicklungsgeschichte des Pferdes

Neben dem Hund ist es nur noch das Pferd, das als Haustier zum Menschen in näheren seelischen Kontakt getreten ist, das von ihm nicht als Schlachttier, als Produzent von Fleisch, Milch, Wolle, Leder gehalten wurde. Es wurde sein Kampf-, Jagd- und Weggenosse. Seit seiner Zähmung bis zu der Erfindung der Maschinen war das galoppierende Pferd der Maßstab höchster Schnelligkeit auf der Erde. Von seinem Rücken aus wurden ungezählte Reiche und Kulturen errichtet und wieder zerstört.

Zusammen mit Esel und Zebra gehört das Pferd zum Kreis der Wirbeltiere (*Vertebrata*), zur Klasse der Säugetiere (*Mammalia*), zur Abteilung der Unpaarzeher (*Perissodactyla*), zur Ordnung der Einhufer (*Solidungula*).

Der Stammvater unseres heutigen Pferdes war der etwa hundegroße Eohippus, der im frühen Tertiär, im Eozän (vor etwa 60 Millionen Jahren), lebte und an seiner Vordergliedmaße noch vier, an seiner Hintergliedmaße drei entwickelte Zehen hatte (ähnlich dem Tapir). Dieses Waldtier ernährte sich, wie wir aus der Zusammensetzung seines Gebisses schließen dürfen, hauptsächlich von Blättern und verschmähte auch nicht Insekten und anderes Kleingetier. Der Darmtrakt des Pferdes weist noch heute Eigentümlichkeiten auf, die darauf hindeuten, daß dieses Tier nicht immer reiner Pflanzenfresser gewesen ist. In späteren Erdaltern, bis zum Ausgang des Tertiärs, bis zum Pliozän (vor etwa 30 Millionen Jahren) fand im Verlaufe der Entwicklungsgeschichte eine erhebliche Größenzunahme der Vorfahren des Pferdes statt. Zugleich verließ das ursprüngliche Waldtier das schützende Dickicht und wurde auf den weiten Grasebenen heimisch. Hand in Hand mit dieser Entwicklung zum flüchtigen Steppentier erfolgte über den Mesohippus und Merichippus eine allmähliche Aufrichtung vom Zehengänger zum Zehenspitzengänger. Dabei degenerierten die zweite und vierte Zehe zu den heutigen Griffelbeinen. Der Pliohippus des ausgehenden Tertiärs (der *Equus stenonis*), das Endglied dieser Entwicklung, entspricht bereits weitgehend den Formen der heutigen Wildpferde.

Aufgrund von Knochenfunden müssen wir als das Entstehungsgebiet des Pferdes wohl Nordamerika ansehen, von wo aus es sich über die Landbrücke von Alaska nach Zentralasien, dem Vorderen Orient, Europa und Nordafrika verbreitete. Später starb das Pferd (noch in vorgeschichtlicher Zeit) in Amerika aus, so daß der Kontinent bei seiner Entdeckung durch die Europäer völlig pferdelos war.

Auf dem Gebiete des Ursprungs und der Haustierwerdung unseres Pferdes gibt es fast ebenso viele Meinungen wie Wissenschaftler. Im wesentlichen geht es dabei um die Frage, ob man für die Entstehung unserer heutigen Hauspferderassen eine monophyletische oder eine polyphyletische Abstammung annehmen muß; d.h., ob alle heutigen Hauspferde auf eine Stammform, etwa den *Equus Przewalski Poljakow*, zurückzuführen sind und die große Variationsbreite und starke Differenzierung zu den heutigen Rassen und Schlägen erst in geschichtlicher Zeit unter Auslese verschiedener langandauernder Milieubedingungen und Klimate und vor allem unter dem

Einfluß züchterischer Eingriffe durch den Menschen stattgefunden hat, oder ob eine mehrstämmige Abstammung der Hauspferderassen und -schläge anzunehmen ist.

Nach E. Isenbügel stehen heute drei hauptsächliche Theorien über das Ausgangsmaterial der heutigen Pferderassen zur Diskussion:

1. Alle heutigen Hauspferderassen gehen zurück auf unterschiedliche Frühzähmungsformen einer Stammform. Sie entwickelten sich aus unterschiedlichen Wuchsformen und führten an mehreren Stellen gleichzeitig zur allmählichen Bildung unterschiedlicher Rassen.
2. Durch das Vorhandensein zweier oder mehrerer Ausgangsformen von Wildpferden lag schon bei der Domestikation ein unterschiedliches Pferdematerial vor, das die Bildung unterschiedlicher Rassen verursachte bzw. mindestens förderte.
3. Es existieren Erbtypen, die aus einer oder mehreren Formen der Vorpferdeartigen (*Praeequiden*) stammen, sich schon im frühen Quartär voneinander abhoben und noch heute im Erbgut unserer Pferde durch unterschiedliche Knochenstruktur (Röntgenuntersuchung) und Verhaltensstudien nachweisbar sind.

Bei unseren heutigen Hauspferden handelt es sich stets um Mischtypen, entstanden aus einer Verschmelzung verschiedener Urtypen, gleichgültig, welche der oben dargestellten Theorien richtig ist. So darf es uns nicht wundern, daß bei ihnen immer wieder uralte, langverdeckte Merkmale auftreten, die auf diese Ahnen hinweisen. Zugleich lassen sich dadurch bestimmte äußerliche und innere Eigenschaften – nicht selten miteinander gekoppelt – erklären und verstehen.

Pferdebeurteilung

Pferdekenntnis läßt sich nicht als Gemeingut zu Papier bringen, doch läßt sie sich bis zu einem gewissen Maße erlernen. Von einem anlagebedingten Blick dafür einmal abgesehen, ist sie das Ergebnis fleißiger Beobachtung, langjähriger Erfahrung und der Reflexion über das Gesehene und verlangt wirkliche Passion und Liebe zum Pferd. Es gibt kein Pferd, durch dessen Betrachtung und Beobachtung wir unsere Pferdekenntnisse nicht bereichern könnten. Am lehrreichsten ist es, den Werdegang eines jungen, vielleicht selbstgezüchteten Pferdes von Anfang an zu beobachten.

Wollen wir der Sache auf den Grund gehen, so sollten wir uns jedes junge Pferd, das in unserem Gesichtskreis auftaucht, im Gang und im Stand prüfend ansehen und uns einige Notizen über vermutete Leistungsfähigkeit, etwaige Mängel und Schwächen und deren vermutete Auswirkungen etc. machen und dann unsere Prognosen nach einiger Zeit mit der tatsächlich eingetretenen Entwicklung vergleichen. Wie manche arge Irrtümer werden wir in unseren Prophezeiungen konstatieren müssen. Wie manche Fehler sind bereits nach kurzer Zeitspanne durch den Einfluß eines guten Reiters verschwunden, die wir als gravierend angesehen haben, wie manche Fehler sind durch Mängel in der Ausbildung aufgetreten oder verstärkt worden, deren nur ganz schwache Anlagen wir nicht berücksichtigt hatten. Das praktische Beobachten möglichst vieler verschiedener Pferde mit erwiesener Leistung bildet den Kenner. Das Auge, das eine große Zahl von guten Pferden mit Überlegung gemustert hat, wird diejenigen Formen, die Leistungsfähigkeit versprechen, erkennen, Wesentliches gegen Unwesentliches abzuschätzen und beurteilen lernen, erkennen, warum durch das Zusammentreffen bestimmter Abweichungen von der Regel Mängel im einzelnen sich kompensieren, mindern oder steigern können.

Jedoch sollten wir uns darüber klar sein, daß zwar das Exterieur und Gangwerk auf die Möglichkeiten eines Pferdes schließen lassen, nicht jedoch darauf, ob es auch die Leistungsfähigkeit und Leistungsbereitschaft für die vom Reiter beabsichtigte Ausbildung besitzt; einfacher ausgedrückt, ob es auch kann und will, was es verspricht.

Beurteilung des Exterieurs

Die Anforderungen, die wir an das Exterieur unseres Pferdes stellen, sind je nach Verwendungszweck verschieden. Jedoch unter welchen Gesichtspunkten auch immer wir es betrachten, einige grundsätzliche Forderungen sind für jedes Pferd zu erheben. Betrachten wir seine Gesamtform, indem wir eventuelle kleine Exterieurmängel vernachlässigen (ein fehlerfreies Pferd gibt es ebensowenig wie einen fehlerlosen Menschen), so soll es einen bestimmten Rasse- und zugleich Leistungstyp verkörpern. Ein Pferd, das rassetypisch ist, beweist damit, daß es durchgezüchtet ist und also die Leistungsanlagen seiner Rasse besitzt. Vor allem für das Zuchtpferd ist der Rassetyp unerläßliche Bedingung.

Klare, deutlich gezeichnete Konturen, trockene Textur seines Gewebes, solides Fundament, augenfällige Points, Adel in der Gesamterscheinung lassen Rückschlüsse zu auf Energie, Nerv, Härte, Leistungsfähigkeit des Pferdes.

Rahmen und Points

Wir verlangen von unserem Pferd, daß es viel „Rahmen" habe und daß es sich auszeichne durch eine Reihe hervorragender „Points". Als Rahmen bezeichnet man das Verhältnis der einzelnen Teile (Points) des Körpers zueinander: Vorderhand zu Hinterhand, Länge zu Höhe. Zugleich bedeutet es, daß große Linien die Kontur des Pferdes ausmachen, daß der Hals und die Schulter lang, die Kruppe und das Becken breit und lang, die Brust tief sei. Rahmen ist also ein relativer Begriff, kein absolutes Größenmaß; ein Pony kann u. U. mehr Rahmen haben als ein noch so großer, mächtiger Kaltblüter.

Format und Kaliber

Noch zwei Begriffe sind zu definieren, die wir bei der Beurteilung unseres Pferdes verwenden: Format und Kaliber. Unter dem Format eines Pferdes verstehen wir das Verhältnis von Rumpflänge zu Widerristhöhe. Dieses Ver-

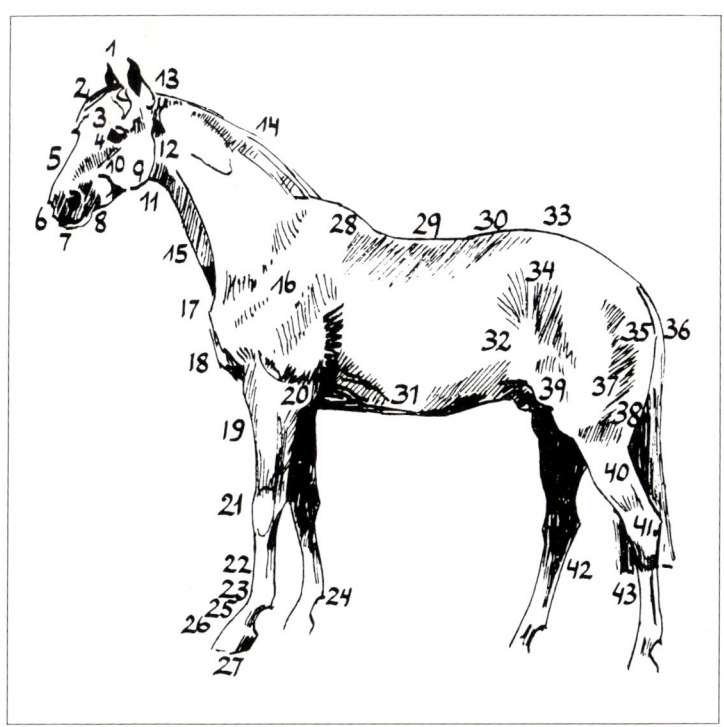

Abb.1. Körperbau des Pferdes

1 Ohren	13 Genick	23 Fesselkopf	35 Sitzbeinhöcker
2 Schopf	14 Mähnenkamm	24 Kötenzopf	36 Schweifrübe
3 Stirn	15 Drosselrinne	25 Fessel	37 Oberschenkel
4 Auge	16 Schulter	26 Hufkrone	38 Hinterbacke
5 Nasenrücken	17 Bugspitze	27 Huf	39 Knie
6 Nüster	18 Brust	28 Widerrist	40 Unterschenkel
7 Maul	19 Unterarm	29 Rücken	41 Sprunggelenk
8 Kinngrube	20 Ellbogenhöcker	30 Lende	42 Kastanie
9 Backe	21 Vorderfußwurzel-	31 Bauch	43 Hintermittelfuß
10 Jochleiste	gelenk	32 Flanke	(Hinterröhre)
11 Kehle	22 Vordermittelfuß	33 Kruppe	
12 Ganasche	(Vorderröhre)	34 Hüfte	

hältnis ist je nach Geschlecht und Rasse verschieden. Der Hengst ist eher quadratisch, die Stute langrechteckig, der Wallach hochrechteckig. Von Einfluß ist auch die Rasse. So ist der Prozentsatz an quadratischen Individuen unter den Orientalen aller drei Geschlechter höher als bei anderen Rassen, während die meisten durchweg im Langrechteckrahmen stehen. Das Verhältnis von Gewicht zu Widerristhöhe bezeichnet man als Kaliber.

Gewicht (in kg): Widerristhöhe (Stockmaß in cm) = Kaliber

Abb. 2. Formate des Pferdes. Von links nach rechts: langrechteckig (Stute), quadratisch (Hengst), hochrechteckig (Wallach)

Der Kopf

Betrachten wir nun das Exterieur des Pferdes im einzelnen: Man pflegt zu sagen: „Kopf und Schweif machen kein Pferd." Und an sich hat die Form des Kopfes scheinbar keinen bedeutenden Einfluß auf die Leistungsfähigkeit des Pferdes.

Immerhin lohnt sich aber doch eine eingehende Betrachtung des Kopfes, da seine Form und Größe sowie sein Ausdruck viel aussagen über Adel, Rassezugehörigkeit, Temperament, Charakter, Konstitution. Einem Hengst oder einer Stute sollte man schon am Gesicht den Geschlechtscharakter ablesen können. Der Kopf des Hengstes pflegt größer und gröber zu sein, stärker in den Ganaschen, mit breiterer Stirn und lebhafteren Augen; die Stute hat im allgemeinen einen feineren, trockeneren Kopf als der Hengst, der Angesichtsschädel ist schmäler, der ganze Ausdruck ist weiblich und sanfter. Wallache, vor allem sofern sie früh gelegt wurden, nähern sich in Form und Ausdruck oft dem Stutengesicht.

Rassetypisch ist die Ausbildung ganz bestimmter Kopfformen. Alle Pferde, deren Stammbaum einen mehr oder weniger hohen Anteil orientalischen Bluts enthält, weisen in stärkerer oder schwächerer Form die charakteristischen Merkmale dieser Rasse auf. Ihr typischstes Charakteristikum ist die mehr oder weniger konkave Nasenlinie, der sogenannte „Araberknick", im oberen Drittel des Nasenbeins. Die obere Schädelpartie ist im Verhältnis zum Angesichtsschädel stark entwickelt, die Stirn breit und gewölbt, die Ganaschen sind relativ leicht, der Kehlgang weit, die Verbindung zum Hals fein. Die Ohren sind klein, die Augen groß, lebhaft und hervortretend; die Nüstern sind groß und weit und wirken durch die Einsenkung auf dem Nasenrücken noch größer.

Bei den Nachkommen des Berbers und des Iberischen Pferdes (Andalusier, Lipizzaner, Kladruber etc.) finden wir vielfach Ramsköpfe, die sich durch eine konvexe Nasenlinie und einen recht langen Angesichtsschädel auszeichnen. Auch der Ramskopf kann u. U. sehr trocken und edel sein, wird jedoch bei den Reitpferderassen heute nicht mehr so gern gesehen. Alle vorkommenden Kopfformen lassen sich auf diese beiden Typen zurückführen.

Ein trockener, leichter Kopf mit feiner Ausbildung der Ohren, der weiten, beweglichen Nüstern und der Lippen, mit großen Augen und feiner Behaarung, ist gewöhnlich das Merkmal edler Abkunft.

12

Die Ohren stehen am oberen Teil des Schädels, seitlich des Scheitels und ihn um fast zwei Drittel ihrer Länge überragend. Ihre Stellung und Länge kann sehr verschieden sein. Die Beobachtung ihrer Bewegungen und Stellungen läßt mancherlei Schlüsse auf Charakter und Temperament zu. Die Hängeohren, die man manchmal bei ausgesprochen edlen Pferden (Ostpreußen, Englisches Vollblut) beobachtet, besagen zwar nichts über deren Leistungsfähigkeit, sehen jedoch nicht schön aus. Ein gesundes, lebhaftes Pferd pflegt seine Ohren aufmerksam nach allen Richtungen zu bewegen.

Als Kriterium für Temperament und Charakter ist der Ausdruck der Augen noch weit mehr geeignet als der der Ohren. Jeder Laie sieht, ob das Auge groß oder klein ist, lebhaft oder unbeteiligt, sanft oder bösartig, feurig oder stumpf, klar oder trüb, ob es vertrauensvoll oder ängstlich blickt. Ein großes, feuriges Auge mit stark entwickeltem Augapfel findet sich meist bei edel gezogenen Pferden. Ordinäre Pferde haben kleine, versteckte Augen mit dicken Lidern. Ein weit hervortretendes Auge, bei dem rund um die Iris die weiße Sklera sichtbar wird, nennt man Ochsen- oder Fischauge. Als Birk- oder Glasaugen bezeichnet man Augen, deren Iris durch geringe oder fehlende Pigmentablagerung hellblau, gläsern erscheint. Wichtig ist, daß beide Augen in Größe, Ausdruck, Stellung und Färbung der durchsichtigen Teile und Weite der Pupille möglichst gleich sind. Die Augenlider sollen fein behaart

Abb. 3. Kopfformen. Oben: Hechtkopf (konkave Nasenlinie), links: Keilkopf (gerade Nasenlinie), rechts: Ramskopf (konvexe Nasenlinie)

sein; die Wimpern des oberen Lides pflegen länger und dichter zu sein als die des unteren. Das dritte, im inneren Augenwinkel liegende Lid soll bei geöffnetem Auge nicht sichtbar sein.

Die Beurteilung der Augen ist eine wichtige Aufgabe bei der Beurteilung eines Pferdes. Sie ist zugleich mit am schwierigsten. Ihre Untersuchung auf Krankheiten und volle Funktionstüchtigkeit sollten wir, wenn wir Zweifel hegen, einem Tierarzt überlassen, ebenso sollten wir uns auch immer beim Kauf eines Pferdes die Gesundheit der Augen attestieren und garantieren lassen.

Die Nüstern des Pferdes sollen weit sein, mit dünnen, beweglichen Rändern, feinbehaart und weich. Im Zustand der Ruhe dürfen sie sich nur wenig bewegen; wenn ein Pferd in der Ruhe die Nüstern so bläht wie ein gesundes nach schneller Bewegung, so hat es gewiß Atembeschwerden (Dampf o. a.). Verschieden große Nüstern, Anomalien im Bereich der Nase lassen oft auf eine Atembehinderung schließen.

Die Maulspalte soll bis etwa zur Mitte der Laden reichen. Die Lippen sollen möglichst fein, weich, feinbehaart und an den Lefzen nicht eingerissen sein. Bei einer zu kurzen Maulspalte kollidiert u. U. das Gebiß mit dem Hakenzahn; auch ermöglicht es dem Pferd, da es zu niedrig liegt, die Zunge darüber zu nehmen. Eine zu weit nach hinten reichende Maulspalte bringt ebenfalls reiterliche Schwierigkeiten, da sie es dem Pferd möglich macht, das Gebiß mit den Backenzähnen zu fassen und sich so darauf festzubeißen.

Wir sollten bei der Zahnuntersuchung zum Zwecke der Altersbestimmung gleich auch die Laden des Pferdes untersuchen, da auf ihnen das Gebiß liegt. Fast jedes ältere Reit- und Wagenpferd pflegt an dieser Stelle, d. h. zwischen den allerdings fast nur beim Hengst oder Wallach, bei der Stute selten durchbrechenden Hakenzähnen und den ersten vorderen Backenzähnen, Verletzungen oder verhärtete Stellen zu haben. Je schärfer der Rand der Laden, desto empfindlicher ist das Pferd auf den Druck des Gebisses.

Fehlende Schneidezähne schaden dem Pferd außer beim Weidegang nicht sonderlich. Fehlende Backenzähne dagegen sind ein bedenklicher Mangel, da sie die Zerkleinerung des Futters erschweren. Außerdem wächst der jeweils gegenüberstehende Zahn übermäßig hervor, da er nicht mehr abgenutzt wird.

Die Zunge soll frisch und rosa aussehen und mäßig über die Laden hervorstehen. Verletzungen an der Zunge sind häufig. Eventuelle Zungenfehler pflegen sich im allgemeinen nach Auflegen einer Trense, manchmal allerdings auch erst in der Arbeit, unter dem Sattel oder im Geschirr zu zeigen.

Die Ganaschen, die breiten, fleischig derb bemuskelten Flächen am Übergang vom Kopf zum Hals, sind bei Hengsten und Wallachen gewöhnlich stärker ausgebildet als bei Stuten. Edle Pferde haben weniger starke Ganaschen als ordinäre.

Der Kehlgang ist der Raum zwischen den beiden Unterkieferästen. Er soll in seinem oberen Teil möglichst weit sein, um eine leichte Beizäumung ohne Atembehinderung des Pferdes zu ermöglichen.

Der Hals

Der Übergang vom Hals zum Kopf soll leicht und fein sein. Zu einer guten Verbindung gehört ein langes, breites Genick und eine gut ausgeschnittene Kehlgegend. Die obere Halsmuskulatur muß kräftig entwickelt, die Seitenflächen dagegen sollen leicht gewölbt und schlank sein. Eine dicke, kurze Verbindung ist ungünstig für den Reitdienst, da sie ein Beizäumen sowie eine seitliche Einstellung erheblich erschweren. Die Luftröhre sei möglichst weit. Eventuelle Verengungen im Kehlkopf, vor allem Erschlaffung der Stimmtaschen, führen zum sogenannten Roaren. Die Länge des oberen Randes, des Kammes, ist bei einem gut gebauten Hals erheblich größer als die des unteren Randes. Der Hals sollte im ganzen wohlbemuskelt sein und eine mittlere Länge haben. Ein sehr kurzer, dicker oder ein übermäßig langer, dünner Hals bieten dem Reiter erhebliche Schwierigkeiten. Als einen schwerwiegenden Gebäudefehler müssen wir den tief angesetzten Hirschhals ansehen. In Verbindung mit einem kurzen, starren Genick erschwert er die Beizäumung ungemein. An seiner Verbindung zur Brust, dem sogenannten Aufsatz, muß der Hals möglichst muskulös und breit sein und in einen hohen und breiten, gut bemuskelten Widerrist auslaufen; allerdings ist dessen Höhe nicht so entscheidend wie seine kräftige Bemuskelung; zusammen mit einem gut bemuskelten Rücken und ausreichender Rippenwölbung soll der Widerrist eine gute Sattellage gewährleisten.

Die Brust

Von der Brust des Pferdes verlangen wir, daß sie tief und lang ist, daß das Brustbein bei guter Rippenwölbung möglichst tief liegt. Die Rippen sollen lang, breitausladend und schräg nach hinten verlaufen, damit der Brustkorb ausreichend Raum bietet für die Ausbildung von Herz und Lunge. Sehr negativ zu beurteilen ist eine flache, kurze Vorderrippe, die man allgemein als „Herzleere" bezeichnet. Sie verengt den Brustraum und schränkt den Platz für Herz und Lunge ein. Die Breite der Vorderbrust ist weniger wichtig und nur für Zugpferde von Belang.

Die Bestimmung des Brustvolumens wird am besten durch das Messen des Brustumfanges sowie der Tiefe des Brustkorbes erreicht. Der Brustumfang sollte die in Stockmaß gemessene Widerristhöhe des Pferdes um wenigstens 20, besser jedoch um 25–30 cm übertreffen. Die Breite der Brust läßt sich von vorne nur schwer abschätzen, weil eine starke, beladene, fleischige Schulter sie breit erscheinen läßt, während eine trockene, magere Schulter und geringe Entwicklung der Muskulatur unter dem Schulterblatt ein Pferd schmal erscheinen lassen, ohne daß es darum eine geringere Wölbung der ersten Rippen zu haben braucht als das scheinbar breitbrüstigere.

Der Widerrist

Der Widerrist ist der obere Teil der Brust. Er wird durch die Dornfortsätze der ersten acht Brustwirbel gebildet. Er soll möglichst breiten Raum bieten für die Anheftung des Nackenrückenbandes, das den Hals und Kopf trägt, und für die Anheftung der Rückenmuskulatur. Je breiter und schräger

Abb. 4. Rückenformen. Oben: gerader Rücken, rechts: Senkrücken, unten: Karpfenrücken

nach rückwärts gestellt die Dornfortsätze, desto weiter reicht der Widerrist in den Rücken hinein und verläuft ohne Übergang in ihn; zugleich bietet er dann eine optimal große Anheftungsfläche für den Ansatz der Schultermuskulatur. Je länger der Widerrist, desto kürzer erscheint der Rücken, der breit und gut bemuskelt zur Lende leicht ansteigen soll.

Der Rücken

Die Stärke und Tragfähigkeit des Rückens, eine der wichtigsten Forderungen, die wir an unser Pferd stellen, ist von verschiedenen Faktoren abhängig: Von der Stärke und Festigkeit der Wirbelsäule und der die einzelnen Wirbel verbindenden Sehnen und Bänder, von der eine Bogenbrücke bildenden Krümmung der Wirbelsäule, die für die federnde Elastizität des Rückens von entscheidender Bedeutung ist, von der Mächtigkeit der zu beiden Seiten der Dornfortsätze verlaufenden langen Rückenmuskulatur, von der Breite, Kürze und massiven Bemuskelung der Lende, von der Stellung und Neigung des Beckens, seiner Verbindung zum Kreuzbein und der Verbindung zwischen Lendenwirbeln und Kreuzbein. Fehlerhafte Rückenformen, wie Karpfenrücken (aufgebogener Rücken) und Senkrücken (durchgebogener Rücken), sind unvorteilhaft für den Reitdienst.

Die Flanken

Die von den letzten Rippen, dem Becken und der Lende eingeschlossenen Flächen nennt man die Flanken; sie gehen nach unten ohne deutliche Grenze in den Bauch über. Die Flanken sollen kurz und geschlossen sein, d. h., sie sollen nicht grubenartig vertieft, sondern schön gerundet und möglichst wenig auffallend begrenzt sein. Die Länge der Flanken ist abhängig von der Länge der Nierenpartie (Lende).

Der Bauch

Der gut geformte Bauch muß ohne sichtbaren Übergang in Rippen und Flanken übergehen. Er darf nicht stark über die Brustwandung und die Hinterschenkel vorstehen. Auch seine untere Kontur sollte eine gefällige, nur leicht gerundete Linie darstellen. Je weiter die falschen Rippen zurückreichen, je geschlossener die Flanken sind, desto eher ist auch die Ausbildung eines gut geformten Bauches möglich. Ein „Heu-" oder „Grasbauch" ist nur eine durch übermäßige Ausdehnung der Baucheingeweide entstandene Form des Bauches. Man findet ihn meist bei Pferden, die viel Rauhfutter erhalten, oder bei Weidepferden. Ein aufgezogener oder aufgeschürzter Bauch ist entweder die Folge einer schlechten Brustbildung mit kurzen falschen Rippen, wobei sich der Brustkorb nach hinten verjüngt; bei Pferden im Training ist häufig auch der Bauchinhalt auf ein Minimum reduziert; vor allem aber pflegen chronische Koliker einen aufgeschürzten Bauch zu zeigen.

Der Schweif

Ein schiefer Schweif ist ein ausgesprochener Schönheitsfehler, besagt jedoch meist wenig oder gar nichts über die Leistungsfähigkeit. Viele Pferde mit Spannungen im Rücken tragen den Schweif ebenfalls schief; diese Schiefe verliert sich meist im Verlauf sachgemäßer Arbeit. Ein angeboren schiefer Schweif läßt sich operativ mit einiger Aussicht auf Erfolg begradigen.

Die Harn- und Geschlechtsorgane

Für Zuchtpferde, jedoch auch für das Gebrauchspferd, ist eine normale Ausbildung der Harn- und Geschlechtsorgane wichtig. Der Schlauch bei Hengsten und Wallachen soll straff am Bauch anliegen; seine Öffnung muß groß genug sein, um ein leichtes Ausschachten des Penis zu ermöglichen. Der Penis selbst muß bei Zuchthengsten eine hinreichende Länge haben, um die Begattung erfolgreich vollziehen zu können. Die Hoden sind vom Hodensack umschlossen; sie sollen von gleicher Größe, rund, glatt und nicht übermäßig groß sein. Große, weiche und schlaffe Hoden finden sich häufig vor allem bei unedlen Pferden. Die Hoden sollen nicht zu weit vom Bauch herabhängen. Bei Wallachen sind die Hoden durch Kastration entfernt. Man überzeuge sich immer anhand der Kastrationsnarben und der Samenstrangstümpfe, die meist deutlich tastbar sind, daß beide Hoden entfernt wurden.
Die Schamlippen der Stute sollen glatt, weich und gut geschlossen sein. Das Euter liegt in der Leistengegend und ist zweistrichig. Bei Stuten, die bereits

gefohlt haben, pflegt es gewöhnlich etwas vergrößert zu sein. Bei Stuten, die bei der Geburt eines Fohlens einen Dammriß erlitten haben, der nicht operativ behoben worden ist („Scheidenplastik"), klafft die Scheide, und es ist vielfach in der Bewegung ein schlürfendes Geräusch zu hören: Die Scheide saugt Luft ein. Abgesehen von dem unangenehmen Geräusch kommt es leicht zu Infektionen der Geschlechtswege. Außerdem sind solche Stuten meist schwer wieder tragend zu bekommen.

Die Gliedmaßen

Die Gliedmaßen bilden das Fundament des Pferdekörpers, sie dienen vornehmlich der Fortbewegung, wobei der Impuls nach vorwärts von der Hinterhand ausgeht, während die Vorderhand den Impuls nach aufwärts gibt und darüber hinaus vornehmlich eine stützende, tragende Funktion hat.
Ein Pferd mit wohlausgebildeten, gut bemuskelten und korrekt gestellten Gliedmaßen ist einem mit unregelmäßigen Extremitäten in der Bewegung meist überlegen, da jede Abweichung automatisch leistungsmindernd wirken muß. Man sagt: „Ein Pferd geht, wie es steht."
Schon am stehenden Pferd trägt die Vorderhand mehr als die Hälfte des Körpergewichts. In der Bewegung jedoch, beim Galoppieren, im Rennen, beim Springen vervielfältigt sich dieses Gewicht infolge der Schnelligkeit, mit der der Körper bewegt wird.
Die Vordergliedmaße ist am Schulterblatt durch starke Muskulatur mit dem Rumpf verbunden. Die Lagerung des Schulterblattes ist entscheidend für den Impuls nach aufwärts sowie für Aktion und Raumgriff, zugleich dient es in seinem Aufhängeapparat als Stoßbrecher des von der Hinterhand ausgehenden Impulses nach vorwärts. Das Schulterblatt soll in einem Winkel von 45° zu einer Senkrechten gelagert sein, die man durch das Buggelenk fällt. Ein zu steil gestelltes Schulterblatt bedingt mangelnden Raumgriff. Je länger das Schulterblatt und je besser der Schulterblattknorpel an seinem oberen Rand (Stoßdämpfung) und seine Bemuskelung entwickelt ist, desto günstiger für seine Funktion.
Negativ zu beurteilen ist ein kurzes, steil gelagertes Schulterblatt, das wie aufgeklebt vorn auf dem Rumpf sitzt. Ideal ist es, wenn es sich lang und schräg dem Rumpf anlagert, wobei es mit seinem oberen Rand an dem gut bemuskelten, weit in den Rücken hineinreichenden Widerrist Anheftung findet.
Der lange, möglichst stark bemuskelte (Bizeps) Oberarm soll sich im Buggelenk mit dem Schulterblatt unter einem Winkel von etwa 90° oder kleiner verbinden. Der Winkel sollte auf keinen Fall größer sein.
Die irreführend oft so genannte „Schulterfreiheit" ist weitgehend von der Länge, der Lagerung und der Freiheit des Oberarmbeins abhängig. Fehler der Schulterlage werden evtl. durch die Stellung des Oberarms korrigiert. Liegt z. B. die Schulter steil, so muß sich der Oberarm mehr der horizontalen Lage nähern (Traber). Zwischen Ellbogen und Brustwand muß mindestens eine Männerfaust Platz haben. Ein an die Brustwand „angeklatschter" Ellbogen ist fehlerhaft und beeinträchtigt die Bewegungsfreiheit.
Das Ellbogengelenk verbindet den Oberarm mit dem Unterarm. Auch der Unterarm kann nicht lang und kräftig genug bemuskelt sein. Von seiner Länge hängt zu einem gewissen Teil der Raumgriff der Vordergliedmaße ab. Das

Ellbogengelenk soll von starker Muskulatur überdeckt sein, die weit auf den Unterarm herabreicht.

Das Vorderfußwurzelgelenk sei möglichst breit, massiv, trocken und deutlich markiert. Seine vordere Kontur soll sich, von der Seite gesehen, nur wenig über Unterarm und Röhrbein erheben; dabei soll seine Breite sowie sein Tiefendurchmesser möglichst groß sein. Unterhalb des Gelenks am Übergang in die Röhre darf keine Einbuchtung zu sehen sein. Ebenso soll sich der Absatz, der durch das Erbsenbein an der Rückseite der Vorderfußwurzel entsteht, nicht zu scharf gegen die Sehne absetzen. Bei einem scharfen Absatz unter dem Erbsenbein spricht man von einer „geschnürten" oder „gedrosselten" Vorderfußwurzel.

Die Vorderfußwurzel muß den Unterarm senkrecht fortsetzen, ebenso wie sich aus ihr senkrecht nach unten das Röhrbein fortsetzen soll. Die rückbiegige Vorderfußwurzel („Kalbsknie") ist ein entscheidender Fehler, da die Belastung, die infolge der fehlerhaften Stellung des Gelenks Beugesehnen und Bänder trifft, zu einer Überbeanspruchung und damit zu raschem Verschleiß führen kann. Dagegen schadet angeborene Vorbiegigkeit („Bocksknie") der Funktion des Vorderfußwurzelgelenks weniger: ja, oft ist ein solches Vorderfußwurzelgelenk sogar besonders widerstandsfähig. Scharf von dem Bocksknie unterscheiden muß man jedoch die erworbene Vorbiegigkeit, die „lose Stellung", die durch die Erschlaffung der Strecksehne verursacht wird und ein Zeichen von Verschleiß ist. Fehlerhaft, weil Sehnen und Bänder einseitig belastend, sind seitliche Stellungsabweichungen.

Das Röhrbein ist um so widerstandsfähiger, je kürzer, breiter und gerader es ist; es muß sich an seinen Gelenkenden zur Vorderfußwurzel und zum Fesselgelenk deutlich verstärken, um den Bändern genügend Platz für die Anheftung zu bieten. Da die Röhre keinerlei Muskulatur, sondern nur Knochen, Sehnen und Bänder besitzt, muß sich jede Einzelheit deutlich durch die Haut ertasten lassen. Die Sehnen, vor allem die am hinteren Rand verlaufende oberflächliche und tiefe Beugesehne, müssen straff und gespannt sein, sich klar voneinander trennen lassen und dürfen an keiner Stelle Verdickungen haben, weder weiche noch harte. Die zu beiden Seiten der Röhre liegenden Griffelbeine enden mit ihren Knöpfchen etwa in deren unterem Drittel. Das Fesselgelenk, der „Fesselkopf" (Köte), soll groß und ausgeprägt, zugleich frei von allen harten und weichen Anschwellungen oder Auflagerungen sein.

Das Fesselbein, das von vorn gesehen das Röhrbein an Breite etwas übertreffen soll, weicht von der Seite gesehen in seiner Stellung wesentlich von der Senkrechten ab und wird im Optimum mit dem Röhrbein einen Winkel von 135–140° bilden. Die günstigste Fessellänge ist je nach Gebrauchszweck verschieden. Im allgemeinen kann man sagen, daß sie beim edlen Pferd größer sein sollte als beim unedlen. Ungünstig ist auf jeden Fall stets die zu kurze Fesselung, die sich bald in einer übermäßigen Abnutzung, einer „Struppierung" der Gelenke auswirkt. Zu lange, weiche Fesselung (Durchtrittigkeit, „Bärentatzigkeit") bei gleichzeitig schwachem Kötengelenk und schwachen Sehnen ist ebenfalls bedenklich und führt zur Überbeanspruchung der Beugesehnen. Die Fessel muß ohne stellenweise Verdickungen und Absätze völlig gleichmäßig in die Krone übergehen. Auftreibungen an der Übergangsstelle von der Fessel in die Krone nennt man Schale.

Der Huf: Der Vorderhuf unterscheidet sich vom Hinterhuf durch seine Form. Er ist stets etwas größer und runder, mit weniger steilen Trachten, einem kürzeren, schmäleren Strahl und folglich hinten etwas enger.

Am Huf unterscheiden wir die Wand, die Eckstreben, die Sohle, den Strahl, die Krone und den Ballen. Von der Krone, vom Saum aus wächst der Hornschuh nach abwärts. Der untere Rand des Hornschuhs, der den Boden berührt, heißt Tragerand. Er geht über die sogenannte „weiße Linie" nach innen in den Huf, in die Sohle über, die leicht nach innen gewölbt sein sollte; ist sie zu flach, vermindert das die Elastizität des Hufmechanismus („Platthuf").

Die Eckstreben sind die nach einwärts umgebogenen Teile der Wand, die sich von ihrem hinteren Ende nach innen in die Mitte der Bodenfläche des Hornschuhs zu erstrecken. Der Strahl ist ein zähes, elastisches, keilförmiges Hornkissen, das den Raum zwischen den beiden Eckstreben ausfüllt. Er setzt sich gegen die Sohle durch die beiden seitlichen Strahlfurchen ab und besitzt in der Mitte die sogenannte Strahlgrube. Je breiter der Strahl ausgebildet ist, desto besser.

Der Huf muß möglichst regelmäßig geformt sein, nicht zu klein im Verhältnis zur Größe des Pferdes. Die Zehenachse des korrekt ausgewirkten Hufes muß, von vorn wie auch von der Seite gesehen, mit der Fessel vom Fesselkopf bis zur Zehe eine Gerade bilden.

Abb. 5. Anatomie des Hufes

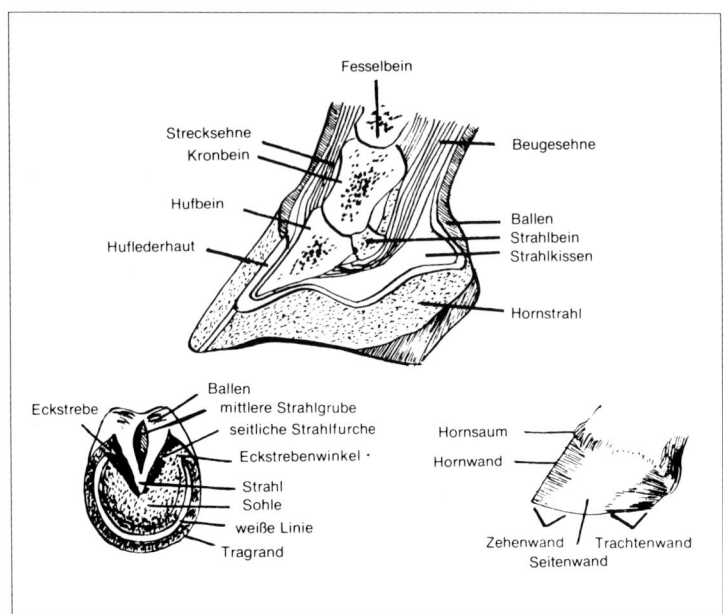

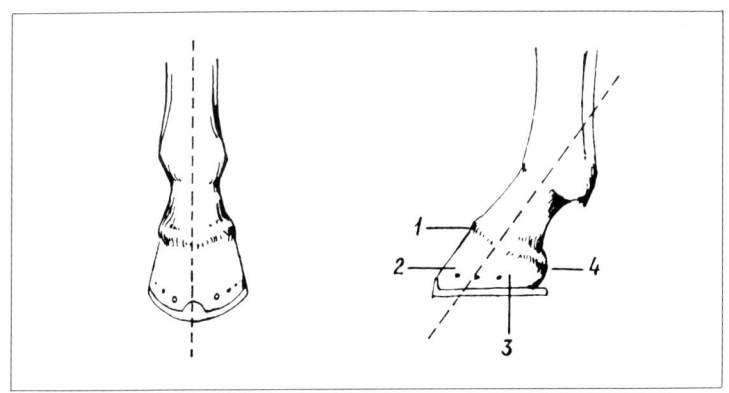

Abb. 6. Zehenachse von vorne (links) und von der Seite (rechts). 1 Kronenrand, 2 Zehe, 3 Trachte, 4 Ballen

<u>Die Hintergliedmaßen:</u> Alle Kraftentfaltung des Pferdes nach vorwärts geht von der Hinterhand aus. Außer der Vorwärtsbewegung übernimmt die Bekkengliedmaße vor allem beim gutgerittenen Pferd auch tragende Funktion. Sobald die Hinterhand mit der Schubkraft ihrer Hebelarme die Vorwärtsbewegung des Körpers eingeleitet hat, muß die Vorderhand den Impuls nach aufwärts geben, wobei die Hinterhand unter den Schwerpunkt tritt und so das Gleichgewicht hält, um damit der Vorderhand die für die Bewegung notwendige Aufrichtung zu geben; sonst würde der Pferdekörper durch den Impuls vornüberschießen.

Für die Summe der Kräfte, die durch die Muskulatur der Kruppe erzeugt wird, für Wirkungsrichtung und Effekt ist die Stellung des Beckens von ausschlaggebender Bedeutung. Betrachten wir zunächst die horizontale Kruppe, bei der das Darmbein fast waagerecht gestellt ist: Ein derart gebautes Becken überträgt die wirkenden Kräfte fast ohne Unterbrechung auf die Lende. Ein Vorzug, der jedoch durch den Nachteil entwertet wird, daß dieses Becken zugleich der zweiten Funktion der Hinterhand, der Unterstützung des Schwerpunkts, nur wenig gerecht zu werden vermag. So ist diese Form einer stärkeren Belastung des Rückens und zugleich einer Aufrichtung der Vorderhand ausgesprochen abträglich. Sie wird sich um so ungünstiger auswirken, je niedriger zugleich der Widerrist und je kürzer Ober- und Unterschenkel sind. Diese Kruppenform ist für das Galoppieren besonders nachteilig, weil sie ein leichtes Erheben der Vorderhand erschwert. Sie findet sich häufig bei schweren warmblütigen Wagenpferden und ist oft mit einem weichen Rücken verbunden.

Bei der sogenannten abgeschlagenen, stark geneigten Kruppe ist die Übertragung des Schubs auf die Lende denkbar ungünstig. Statt dessen ist die Stützfunktion, das „Unter-den-Schwerpunkt-Treten", besonders begünstigt. Wenn die Stellung des Beckens steil wird, leidet allerdings die Funktion, die die Vorderhand aufrichtet. Immerhin ist diese Kruppenform günstiger für ein

Reitpferd als die erstgenannte, vor allem, wenn sie durch einen langen Ober- und Unterschenkel kompensiert wird.

Die günstigste Neigung des Beckens bildet der „goldene Mittelweg" zwischen den beiden Extremen, die mäßig geneigte Kruppe: Die vorwärtstreibende Kraft wird zwar nicht so günstig auf die Lende übertragen wie bei der erstgenannten, und auch die stützende Kraft wirkt nicht ganz so günstig wie bei der zweiten der beschriebenen Beckenstellungen; aber durch die Ergänzung der beiden Funktionen, durch die Kraftersparnis, wird ein Optimum an Leistung erreicht. So ist dies die Kruppenform fast aller Leistungspferde.

Der Oberschenkel soll lang sein und kräftig bemuskelt. Je länger der Oberschenkel und die Kruppe, desto mehr Effekt wird die Beugung und Streckung des Kniegelenks erzielen. Die Schub- und Schnellkraft wird um so bedeutender werden, je kräftiger entwickelt zugleich die langen Kruppenmuskeln sind. Ist der Oberschenkel kurz, so resultiert daraus ein mangelhafter Raumgriff der Beckengliedmaße. Der Winkel zwischen Darm- und Oberschenkelbein sollte 90° betragen, die Oberschenkelmuskulatur möglichst mächtig entwickelt sein und auch in der Innenseite tief herabreichen (lange Sitzbeinmuskeln). Von hinten gesehen sollte die Oberschenkelmuskulatur den Hüfthöcker seitlich überragen. Ein durch den Hüfthöcker gefälltes Lot sollte das in solide Muskulatur eingebettete Knie treffen.

Ein langer, stark bemuskelter Unterschenkel ist für das Leistungspferd ebenfalls von großem Vorteil; er ergänzt den langen Oberschenkel. Je länger die beiden Hebel angelegt sind, desto ergiebiger wird die Fähigkeit der Gliedmaße, sich streckend zu verlängern, desto größer wird folglich auch der Effekt des vortreibenden Impulses. Die Ausprägung der Muskulatur des Unterschenkels, die an der Außen- und Innenseite in Form einer starken Ausbauchung (Hose) möglichst tief gegen das Sprunggelenk hinabreichen soll – der Fersen-Sehnenstrang erscheint dann ziemlich kurz –, ist ein wichtiges Kriterium für die Leistungsfähigkeit eines Pferdes. Wobei die gesamte Muskulatur der Hinterhand derart entwickelt sein soll, daß sich die einzelnen Muskelgruppen unter der Haut deutlich abzeichnen. Eine besonders günstige Wirkung des Kniegelenks ergibt sich, wenn ein vom Sitzbeinhöcker gefälltes Lot genau mit dem hinteren Rand der Hinterröhre abschneidet.

Das Sprunggelenk bildet die Verbindung zwischen Unterschenkel und Hinterröhre. Es soll in seinen äußeren Linien rein und klar konturiert sein. Alle Knochenvorsprünge und Vertiefungen sollen deutlich hervortreten. Jede harte oder weiche Auftreibung am Sprunggelenk ist ein Zeichen von Schwäche oder krankhafter Entartung. Von der Seite und von vorn betrachtet soll das Sprunggelenk lang und breit erscheinen; das Sprungbein muß sich lang und scharf und ein wenig nach rückwärts gerichtet markieren; es darf auf keinen Fall angedrückt sein. Eine Auftreibung auf dem Sprungbeinhöcker nennt man Piephacke. Sie ist ausgesprochen häßlich, jedoch nicht übermäßig tragisch zu bewerten, da sie selten eine Lahmheit verursacht. Breit soll auch die Einschienung des Sprunggelenks in die Röhre sein und nicht scharf abgesetzt! Befindet sich direkt unter dem Sprunggelenk auf der Vorderseite der Röhre eine Ausbuchtung, so nennen wir es geschnürt oder mangelhaft eingeschient. Zu den hauptsächlichen Fehlern des Sprunggelenks gehören außer der Piephacke noch die Hasenhacke, das Rehbein, der Spat und die

Sprunggelenksgalle. Die Hasenhacke, in schwächerer Ausbildung auch „verletzte Linie" genannt, ist eine Verdickung auf der hinteren Seite am Übergang des Gelenks in die Röhre und, sofern mit einem schlecht eingeschienten Sprunggelenk verbunden, stets bedenklich. Das Rehbein ist eine Verdickung des äußeren Griffelbeinköpfchens an der Ansatzstelle des langen Seitenbandes und insofern völlig unbedenklich. Gallen, die am Sprunggelenk vorkommen, sind Ausdehnungen der Gelenksäcke. Sie sind häßlich, jedoch, wenn sie nicht große Dimensionen annehmen, nicht sonderlich bedenklich. Der Spat ist die häufigste Ursache für Sprunggelenkslahmheiten beim Pferd. Er ist eine entweder sichtbare, entzündliche Erkrankung auf dem unteren inneren Teil des Sprunggelenks, hervorgerufen durch Knorpeldefekte, Knochenhautentzündung, Knochenauftreibungen, die zur Bildung von Knochenwucherungen vor der Kastanie führt, oder besteht in Verletzungen, Entzündungen und Wucherungen innerhalb der Zwischengelenksspalten des Sprunggelenks.

Über das Röhrbein, die Fesselung und den Huf der Hintergliedmaße gilt analog das zur Vordergliedmaße Gesagte. Vor allem soll auch die Hinterröhre möglichst kurz sein, so daß das Sprunggelenk tief am Boden sitzt. Die Hinterfessel ist im allgemeinen etwas kürzer als die Vorderfessel.

Die Stellung der Gließmaßen

Eine vollkommen senkrechte Stellung der Vordergliedmaße (mit Ausnahme – von der Seite gesehen – der Schulter), bei der ein durch die Mitte des Buggelenks gefälltes Lot alle Gelenke und den Huf in der Mitte schneidet und ein Lot von der Mitte des Schulterblattes das Ellbogengelenk, die Vorderfußwurzel und das Fesselgelenk treffen und unmittelbar mit dem Ballen abschneiden, ist wünschenswert, da jede Abweichung von der Senkrechten eine einseitige Belastung der Bänder und Gelenke sowie Unregelmäßigkeiten im Gang zur Folge hat.

Von vorn gesehen sind folgende Abweichungen von der korrekten Stellung am häufigsten:

Bei der bodenengen Stellung fällt das Lot außen an den Gliedmaße vorbei.

Bei der bodenweiten Stellung verläuft das Lot innen an der Gliedmaße vorbei.

Abweichungen von der Senkrechten können auch dadurch zustande kommen, daß das Vorderfußwurzelgelenk oder das Fesselgelenk eine seitliche Winklung zeigen. Diese Winklung führt im Vorderfußwurzelgelenk zu einer O-(faß-)beinigen oder auch X-beinigen (französischen) Stellung. Befindet sich die Winklung im Fesselgelenk, so spricht man von zehenweiter oder zehenenger Stellung.

Oftmals sind die verstellten Gliedmaßen zugleich auch noch um ihre eigene Achse diagonal gedreht.

Von der Seite gesehen gibt es vor allem folgende Abweichungen von der korrekten Stellung: Die unterständige Stellung ist gegeben, wenn das Lot vom Ellbogengelenk den Zehenteil des Hufes trifft. Sie findet sich nicht selten bei Weidepferden, pflegt sich jedoch bald nach Aufstallung zu verlieren. Resultiert sie jedoch aus der Konstruktion des Schultergürtels, so ist sie für ein Leistungspferd als nachteilig zu beurteilen (Balance). Die vorständige Stellung ist meist ein Krankheitssymptom. Sie deutet auf Hufrehe, Hufederhautent-

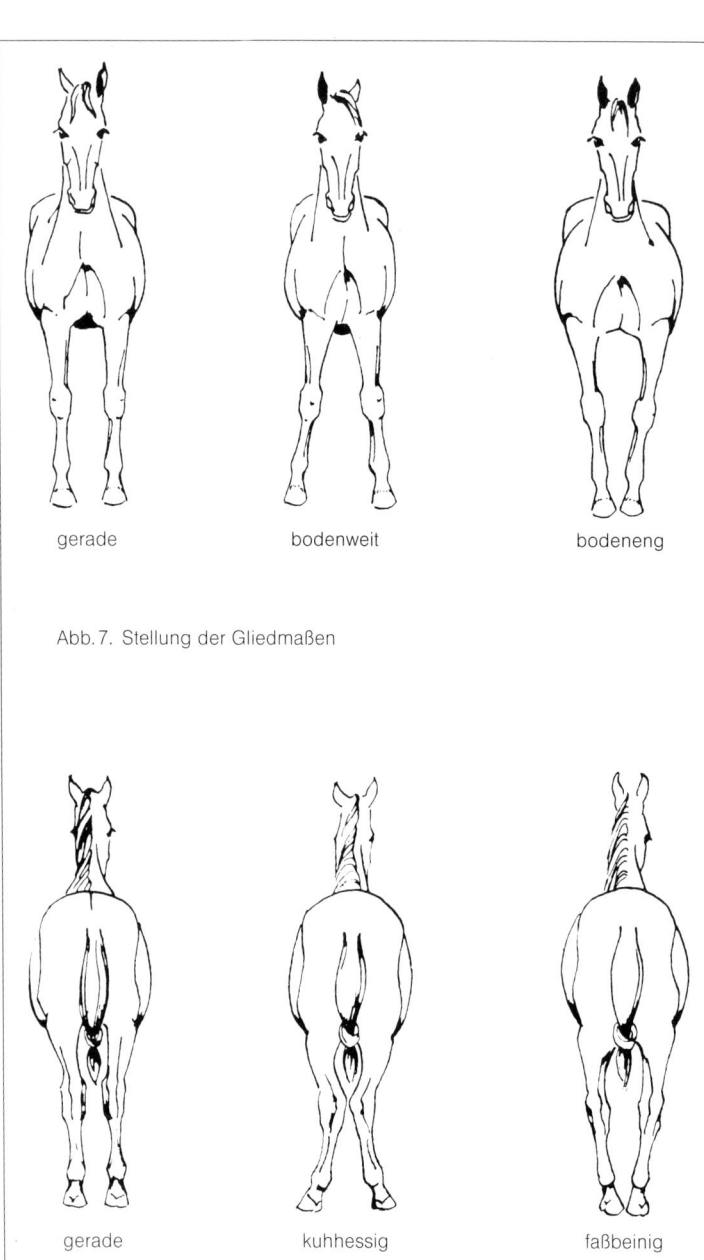

gerade   bodenweit   bodeneng

Abb. 7. Stellung der Gliedmaßen

gerade   kuhhessig   faßbeinig

zündung oder Strahlbeinlahmheit oder ähnliches und sollte uns zu einer sorgfältigen Untersuchung veranlassen.

Eine Winklung in der Vorderfußwurzel nennt man vor- oder rückbiegig, je nachdem, ob das Gelenk einen nach vorn oder hinten geöffneten Winkel bildet.

Als parallel verschoben bezeichnet man eine Stellung, bei der Unterarm und Röhre zwar senkrecht, aber nicht exakt übereinander stehen.

Die Stellung der Hintergliedmaße läßt sich in ähnlicher Weise beurteilen wie die der Vordergliedmaße: Das Hinterbein des Pferdes ist bei gleichmäßiger Belastung aller vier Extremitäten korrekt, wenn ein Lot vom Hüfthöcker das Kniegelenk trifft und ein Lot vom Sitzbeinhöcker mit dem hinteren Rand der Hinterröhre abschneidet.

Folgende Abweichungen von dieser Stellung sind möglich: Als unterständig bezeichnet man die Stellung, bei der Kniegelenkswinkel größer ist als 90°, wodurch Sprunggelenk und Röhre vor das vom Sitzbeinhöcker gefällte Lot unter den Körper gezogen werden. Zugleich belastet sie vermehrt das Sprung- und das Fesselgelenk.

Rückständig nennt man die Stellung des Hinterbeins, wenn das Lot vom Sitzbeinhöcker vor dem Sprunggelenk verläuft. Diese Stellung belastet die Lende übermäßig.

Von hinten gesehen muß ein Lot vom Sitzbeinhöcker bei regelmäßiger Stellung die Knochenachse, das Sprunggelenk und den Fesselkopf halbieren und in die Mitte der Ballengrube treffen. Die Abweichungen verhalten sich analog denen der Vordergliedmaße; O- und X-Beinigkeit (Faßbeinigkeit und Kuhhessigkeit) finden sich häufiger an der Beckengliedmaße als an der Schultergliedmaße.

Beurteilung des Interieurs

Leistung kommt immer durch das Zusammenspiel von Wollen und Können zustande. Das exterieurmäßig beste Pferd wird nichts leisten, wenn es nicht will; während gute Interieuranlagen manche Exterieurschwäche ausgleichen können.

Da es kein „vollkommenes" Pferd gibt, kommt es darauf an, daß wir auch das Interieur beobachten und beurteilen lernen. Denn die gute innere Veranlagung kann manche äußere Mängel kompensieren. Das Gegenteil ist nicht möglich!

Am Ausdruck der Augen, am Ohrenspiel, aus der Reaktion unseres Pferdes auf die Umwelt, seiner Anteilnahme am Geschehen ringsum, aus seiner Manier, sich zu bewegen, lesen wir seine seelische Verfassung ab, seinen Charakter, sein Temperament, seine Intelligenz, seine Lern- und Leistungsbereitschaft, seine Lern- und Leistungsfähigkeit. Das untadeligste Exterieur, die größte Kraft, der förderndste, leichteste Bewegungsablauf, die robusteste Konstitution sind wertlos, wenn das Pferd nicht will, wenn es seine Kraft vielleicht gegen seinen Reiter einsetzt. Nicht jedes Pferd wird dadurch, daß wir ihm einen Sattel auflegen, zu einem Reit- oder gar Turnierpferd oder zu Rennpferd.

Während die gefühlsmäßige Organisation des Pferdes, d. h. seine Lust- und

Unlustgefühle hoch entwickelt sind, wie die des Menschen, ist seine Intelligenz nur beschränkt, seine Anlage zu logischer Folgerung kaum vorhanden. Seine gesamten Denkvorgänge werden in Form von Assoziationen vollzogen. Neben den scharf ausgeprägten Sinnen, an deren Spitze wohl der Geruchssinn steht – doch auch die Leistungen von Auge und Ohr übertreffen meist die des Menschen –, ist es vor allem das überaus gute Gedächtnis, das man zur Ausbildung benutzen und berücksichtigen muß und kann.

Ein ausgeprägter Hang zur Gewohnheit, ein starker Herdentrieb, der angeborene Fluchtinstinkt des Steppentieres bilden oft Klippen in der Ausbildung, lassen sich jedoch bei verständnisvollem Einleben in die Psyche des Pferdes auch als wichtige Hilfsmittel nutzen.

Die Leistungen eines Pferdes sind zu einem großen Teil von seinen individuellen inneren und äußeren Eigenschaften abhängig. Und doch genügt es nicht, Exterieur- und Interieurmängel zu erkennen und dann die „Points", soweit vorhanden, die diese Mängel kompensieren könnten, dagegen abzuwägen.

Es ist zugleich auch wichtig, die Rassezugehörigkeit eines Pferdes zu kennen und zu erkennen, denn erst sie ermöglicht Rückschlüsse auf bestimmte Konstitutionseigenschaften, auf spezifische Exterieur- und Interieureigenheiten und vor allem auf rassetypische Leistungsanlagen. Zwar gibt es individuelle Schwankungen innerhalb einer bestimmten Rasse, doch unterscheidet sich die Menge der einzelnen Individuen einer Rasse durch eine Vielzahl gemeinsamer Eigenschaften von denen einer anderen Rasse. Spezielle Rasseeigenschaften müssen immer funktionell nach dem Nutzungszweck der Rasse beurteilt werden. Was etwa für die verschiedenen warmblütigen Reitpferderassen als ausgesprochenes Negativum angesehen wird, ist vielleicht beim Traber oder bei bestimmten Robustpferderassen erwünscht oder gar unabdingbar notwendig.

Leider hat man sich heute im allgemeinen allzusehr angewöhnt, alle Rassen durch die Brille der exterieur-orientierten Warmblutzuchtbeurteilung zu sehen. Aber es gibt eine Menge Pferderassen, die sich ganz vorzüglich für den Reitdienst eignen und auch in zunehmendem Maße dafür Verwendung finden und die sich doch nicht in dieses Schema pressen lassen: An der Spitze das Englische Vollblut und die Traberrassen, außerdem der Araber, der Anglo-Araber, der Lipizzaner und die zahlreichen Robustpferderassen. Wir werden bei der Besprechung der Eignung der Rassen für die verschiedenen Disziplinen noch näher darauf eingehen müssen.

Einen weiteren Gesichtspunkt, der unter das Stichwort Interieur fällt, stellt die individuelle Abstammung dar. Die meisten Leistungspferde bestätigen ihre Leistungsanlagen durch ihr Pedigree. Es gibt Hengste und Stuten, die mit jedem Partner nur gute Pferde bringen; es gibt Hengste und Stuten, deren Produkte hinsichtlich Qualität und Leistung sehr schwanken; und es gibt Hengste und Stuten, die nur Versager liefern. Es gibt fast in jeder Zucht Blutlinien, die beinahe ausschließlich Leistungspferde hervorbringen. Vor allem möchte ich den Blick auf bestimmte Stutenstämme lenken, die über Generationen ihre Leistungsanlagen vererben. Auf die Zucht von Leistungspferden angewandt, bedeutet das nichts anderes, als daß man das Klasse-Leistungspferd mit einer gewissen Wahrscheinlichkeit züchten kann, auch wenn das von gewissen Kathederhippologen bestritten wird.

Haarfarben und Abzeichen des Pferdes

Wenngleich die Haarfarbe eines Pferdes nur in sehr geringem Maße Einfluß auf seinen Gebrauchswert hat, so ist doch zur Erkennung und Beschreibung des einzelnen Pferdes eine genaue Kenntnis der Farben und Abzeichen unumgänglich.

Die äußere Haut des Pferdes ist am ganzen Körper dicht mit Haaren bedeckt. Diese Behaarung ist auf den Augenlidern, in den Nüstern, an der Innenseite der Hinterschenkel, an Euter bzw. Schlauch sowie an After und Schamlippen sehr fein. Die Länge und sonstige Beschaffenheit des Haarkleides, das den übrigen Körper bedeckt, hängt von der Rasse (je edler das Pferd, desto feiner, seidiger das Haar) und von Stalltemperatur, Pflege, Futter- und Gesundheitszustand des Pferdes ab. Diese Deckhaare stehen schräg in der Haut, und zwar auf großen Flächen gleichgerichtet im sogenannten Strich, das heißt einander dachziegelartig überdeckend. So bewirken sie ein leichtes Ablaufen des Regens und einen gewissen Windschutz. Die allgemeine Richtung des Striches verläuft vom Kopf Richtung Schweif. Stellen, an denen Haare verschiedener Richtung aufeinandertreffen, zum Beispiel auf der Stirn, auf der Brust, an der Lende, bezeichnet man als Wirbel. Der Sitz der Wirbel ist individuell verschieden. Sie werden deshalb z. B. im Pferdepaß zur Identifizierung herangezogen.

Das Pferd wechselt sein Deckhaar im Frühling und im Herbst. Das Sommerhaar ist bei einem gesunden Pferd kurz, fein und glänzend, das Winterhaar lang, wollig und stumpfer. Während des Haarwechsels ist das Pferd für Krankheiten anfälliger und darum schonungsbedürftig. Außer den periodisch wechselnden Deckhaaren hat das Pferd an einigen Körperstellen längere und stärkere Haare ausgebildet, die besonderen Funktionen dienen und nicht gewechselt werden. Die Haare an Mähne und Schweif sind besonders lang und kräftig und haben vor allem die Aufgabe der Insektenabwehr. Die Wimpern schützen das Auge vor dem Eindringen von Staub etc. Die vereinzelt an Maul und Nüstern stehenden Sinus- oder Tasthaare sind bei der Nahrungsaufnahme wichtig.

Nach der Haarfarbe teilt man die Pferde ein in Braune, Füchse, Rappen, Schimmel, Isabellen, Falben, Schecken, Tiger. Braune, Füchse und Schimmel gibt es in verschiedenen Farbabstufungen.

Pferde mit braunem Deckhaar, schwarzer Mähne und schwarzem Schweif nennt man *Braune*. Je nach Farbabstufung unterscheidet man Hellbraune, die oft einen schwarzen Aalstrich haben, Braune, Dunkel- und Schwarzbraune. Braune Pferde haben, von weißen Abzeichen abgesehen, meist schwarze Beine, Schwarzbraune bei schwarzem Deckhaar braune Nüsternränder und braunes Maul (Kupfermaul).

Füchse haben hell-bräunlichgelbes bis dunkel-rotbraunes Deckhaar, dabei gleichfarbiges oder helleres Mähnen- und Schweifhaar. Je nach Farbton spricht man von Hellfuchs, Fuchs oder Dunkelfuchs.

Pferde, die, abgesehen von weißen Abzeichen, ganz schwarz gefärbt sind, heißen *Rappen*. Ein Pferd, dessen Sommerhaar tiefschwarz, im Winter dagegen mehr braunschwarz erscheint, nennt man Sommerrappen.

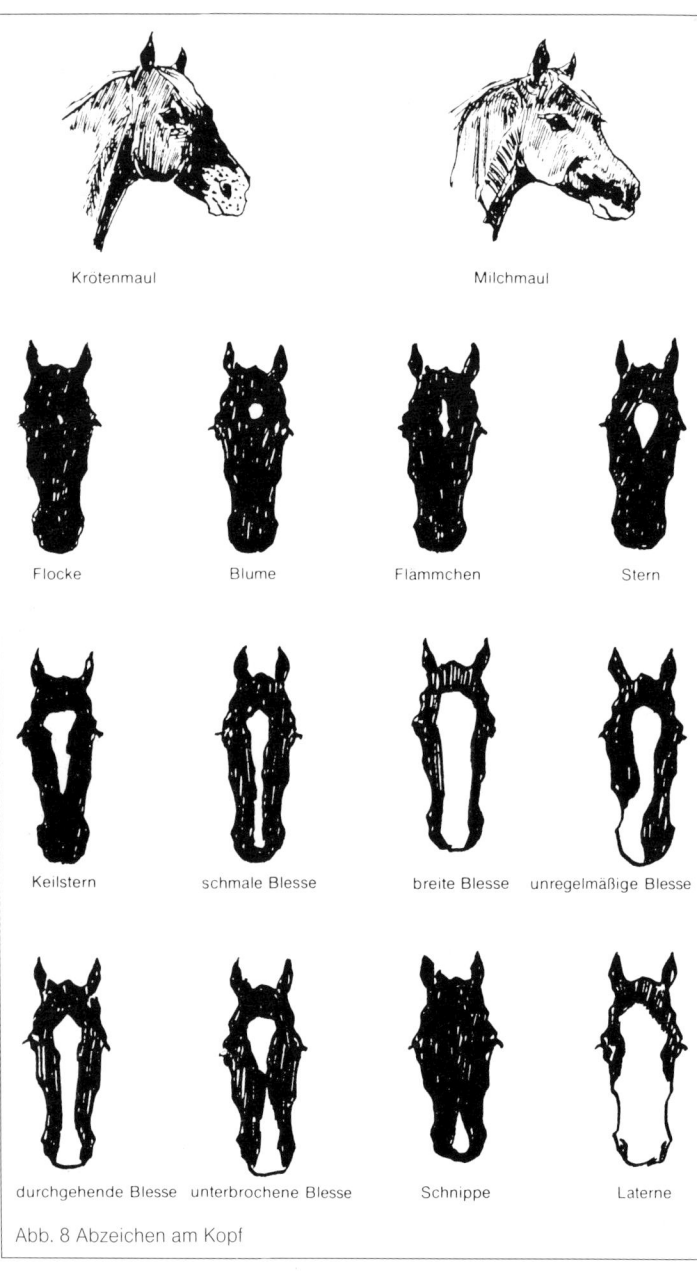

Krotenmaul

Milchmaul

Flocke

Blume

Flammchen

Stern

Keilstern

schmale Blesse

breite Blesse

unregelmäßige Blesse

durchgehende Blesse

unterbrochene Blesse

Schnippe

Laterne

Abb. 8 Abzeichen am Kopf

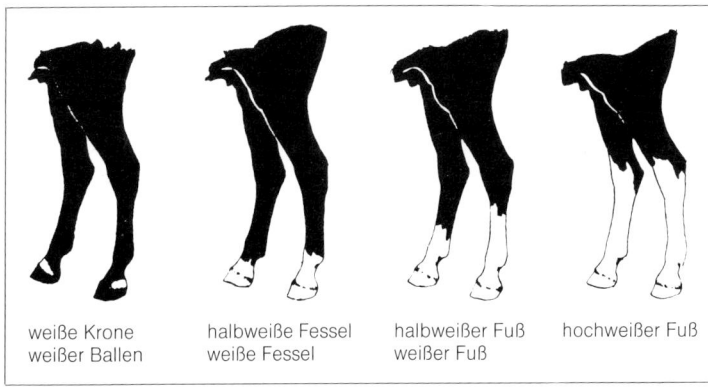

| weiße Krone | halbweiße Fessel | halbweißer Fuß | hochweißer Fuß |
| weißer Ballen | weiße Fessel | weißer Fuß | |

Abb. 9. Abzeichen an den Beinen

Braune, Füchse und Rappen, in deren Fell, über den ganzen Körper verteilt, oft besonders an Kopf, Schweifwurzel und Beinen, einzeln stehende weiße Haare eingestreut sind, nennt man *stichelhaarig.*

Schimmel werden, im Gegensatz zu *Albinos,* die man als Rosen-oder Atlasschimmel bezeichnet, stets dunkel geboren und färben sich erst allmählich, meist am Kopf beginnend, mit jedem Haarwechsel heller, um schließlich mehr oder weniger weiß zu werden. Dieser Prozeß ist im allgemeinen, ein wenig nach Rasse und individuell differierend, mit etwa zehn Jahren abgeschlossen. Je nach seiner ursprünglichen Färbung bezeichnet man den Schimmel in seiner Jugend als Braun-, Fuchs- oder Rappschimmel. Im ausgefärbten Zustand können sich dann kleinere oder größere dunkle Flecken über den ganzen Körper verteilt im Fell finden; man spricht dann von einem Apfel-, Forellen- oder Fliegenschimmel.

Isabellen und *Falben* haben ein gelblich-cremefarbenes Haarkleid, das isabellene Pferd dazu gleichfarbiges oder helleres, u. U. sogar weißes (Palomino) Mähnen- und Schweifhaar. Beim Falben sind Mähne und Schweif schwarz, hinzu kommen Aalstrich und schwarze Beine (Fjordpferd). Ein mausgraues Pferd mit Aalstrich und schwarzen Beinen heißt Mausfalbe (Dülmener Wildpferd).

Schecken sind Pferde mit mehr oder weniger großen unregelmäßig geformten Flecken, meist braun und schwarz, oft braun oder schwarz auf weißem Grund oder umgekehrt (Shetland-Pony, Pinto).

Pferde, die bei dunkler Grundfärbung über den ganzen Körper verteilt etwa handflächengroße oder kleinere, runde oder ovale, weiße bzw. bei heller Grundfärbung andersfarbige Flecken besitzen, nennt man *Tiger* (Knabstrupper, Appaloosa, Pinzgauer).

Angeborene weiße Stellen verschiedener Größe und Form an Kopf und Gliedmaßen des Pferdes werden *Abzeichen* genannt. Die Haut unter diesen echten Abzeichen ist ebenfalls hell, unpigmentiert. Scharf hiervon unterscheiden muß man erworbene weiße Haarflecke, die in Sattel- bzw. Geschirrdruck oder anderen Verletzungen der Haut ihre Ursache haben. Die Haut unter solchen Flecken ist pigmentiert und hat die gleiche Färbung wie in der Umgebung der Flecke.

Weiße Abzeichen auf der Stirn nennt man je nach Form und Größe Flocke, Blume, Flämmchen, Stern, Keilstern etc. Bei einem sich von der Stirn bis zu den Lippen erstreckenden, verschieden langen und breiten weißen Streifen spricht man von einer Blesse. Je nach Größe und Gestalt wird sie als schmale, breite, unregelmäßige, unterbrochene, durchgehende Blesse bezeichnet; letztgenannte reicht bis auf die Oberlippe hinab. Eine sich auch über die Augen erstreckende Blesse heißt Laterne; sie bedingt meist ein Glas- oder Birkenauge. Ein heller Fleck auf der Oberlippe ist eine Schnippe. Ein weißes Maul wird Milchmaul genannt, ein fleischfarbenes Krötenmaul. An den Gliedmaßen unterscheidet man weiße Ballen, weiße Krone, halbweiße oder weiße Fessel. Weißes Haar bis zur Hälfte des Röhrbeines bezeichnet man als halbweißen Fuß; reichen die weißen Haare bis zur Vorderfußwurzel bzw. bis zum Sprunggelenk, so spricht man von einem weißen Fuß; und reichen sie über eines der erwähnten Gelenke, dann nennt man das einen hochweißen Fuß.

Das im allgemeinen dunkel pigmentierte Hufhorn ist an Gliedmaßen mit weißen Abzeichen oft ebenfalls unpigmentiert, hell, weißgelblich oder mindestens gestreift. Das ist deshalb von Bedeutung, weil unpigmentierte Haare, Haut und Horn in der Regel weniger widerstandsfähig gegen äußere Einflüsse sind als pigmentierte.

Bewegungsmechanik

Da das Pferd dem Menschen ausschließlich in der Bewegung dient, sei es unter dem Sattel, im Geschirr oder als Tragtier, ist das Studium und die Kenntnis der Mechanik seiner Bewegungen und ihre Abhängigkeit von bestimmten Exterieurgegebenheiten wichtig.

Die Bewegung der einzelnen Gliedmaße vollzieht sich in vier Phasen. Sie ist von ihrer Stellung im Zustand der Ruhe abhängig: „Ein Pferd geht, wie es steht!" Bevor sich der Huf vom Boden löst, rollt er über die Zehe ab, wobei bei vielen Pferden zur Ausbildung einer mehr oder weniger ausgeprägten „Zehenrichtung" vor allem am Vorderhuf kommt, weil die Vordergliedmaße stärker belastet und außerdem spitzer gewinkelt ist. Dann löst sich der Huf vom Erdboden und schwingt vorwärts. Als nächstes erfolgt das Fußen, wobei es keineswegs notwendig ist, daß der Huf mit der ganzen Sohle flach aufgesetzt wird. Mit welcher Stelle des Tragerandes der Huf zuerst den Boden berührt, hängt zum großen Teil von der Gliedmaßenstellung und der aus ihr resultierenden Führung ab. Die letzte Phase ist dann die der Belastung, bevor sich die Gliedmaße erneut vom Boden löst.

1. Abrollen (Heben)
2. Vorführen (Schwingen)
3. Fußen (Stützen)
4. Belasten (Stemmen)

Von der Seite gesehen beschreibt der Huf bei regelmäßiger Stellung der Gliedmaße einen gleichmäßig aufsteigenden und abfallenden Bogen über dem Erdboden.

Bei vorbiegiger Stellung der Vordergliedmaße bzw. unterständiger Stellung der Hintergliedmaße kommt es durch das erschwerte Abschwungmoment, das aus der schrägen Zehenwand des Hufs resultiert, zu einer Vorverlegung der Körperlast, so daß der Huf nur flach über den Boden geführt werden kann. Beim Fußen kommt es zu einer Art gleitender Reibung; dadurch besteht die Neigung zum Stolpern.

Rückbiegige Stellung der Schultergliedmaße bzw. rückständige Stellung der Beckengliedmaße veranlaßt ein Vorführen des Hufs in einem höheren Bogen, wobei der Fuß von oben mit ganzer Sohle auf den Boden gesetzt wird. Die Vorführhöhe des Hufs richtet sich nach dem Längenverhältnis von Unterarmbein zu Röhrbein sowie nach der Gangart. Generell wird der Huf im Schritt etwa in Höhe des Kronenrandes vorgeführt, im Trab in Höhe des Fesselkopfes und im Galopp in Höhe des Vordermittelfußes oder höher.

Bei regelmäßiger Grundstellung schwingt der Huf, von vorn gesehen, auf einer geraden Linie vor. Die Linie, die eine bodeneng oder „faßbeinig" gestellte Gliedmaße beschreibt, führt in einem Bogen um den stützenden Fuß, so daß es dadurch zu einer Art „schnürender" Bewegung kommt. Bei bodenweiter oder x-beiniger bzw. „kuhhessiger" Stellung wird der Huf auf einer Linie gegen die stützende Gliedmaße vorgeführt. Die Vorderfußwurzel bzw. das Sprunggelenk werden jeweils durch eine entgegengesetzte Bewegung wieder in ihre Ausgangsposition gebracht. Zugleich erfolgt bei O-Stellung eine Drehung des Hufs nach innen und bei X-Stellung nach außen. Starkes Auswärtsschwingen bezeichnet man als „Bügeln". Eine diagonal nach innen verdrehte Gliedmaße führt den Huf im Bogen um den stützenden Fuß, während eine diagonal nach außen verdrehte Gliedmaße den Huf gegen den stützenden Fuß führt.

An natürlichen Gangarten des Pferdes unterscheiden wir den Schritt, den Trab und den Galopp. Bei den Paßgängern kommen noch die verschiedenen paßartigen Gangarten hinzu. Jede dieser Gangarten hat ihren spezifischen taktmäßigen Bewegungsablauf, und für jede gibt es je nach Raumgriff verschiedene Gangmaße. Eingeteilt werden die Gangarten in „schwunglose" (Schritt) und „schwunghafte" (Trab und Galopp) oder auch in „schreitende" (Schritt und Trab) und „springende" (Galopp).

Der Schritt

Der Schritt ist die langsamste Gangart des Pferdes. Seine Fußfolge ist in vier voneinander getrennte Hufschläge aufgeteilt. Wir hören einen deutlichen Viertakt. Beginnend mit dem linken Hinterfuß beobachten wir nachstehende Fußfolge:

1. Linker Hinterfuß
2. Linker Vorderfuß
3. Rechter Hinterfuß
4. Rechter Vorderfuß

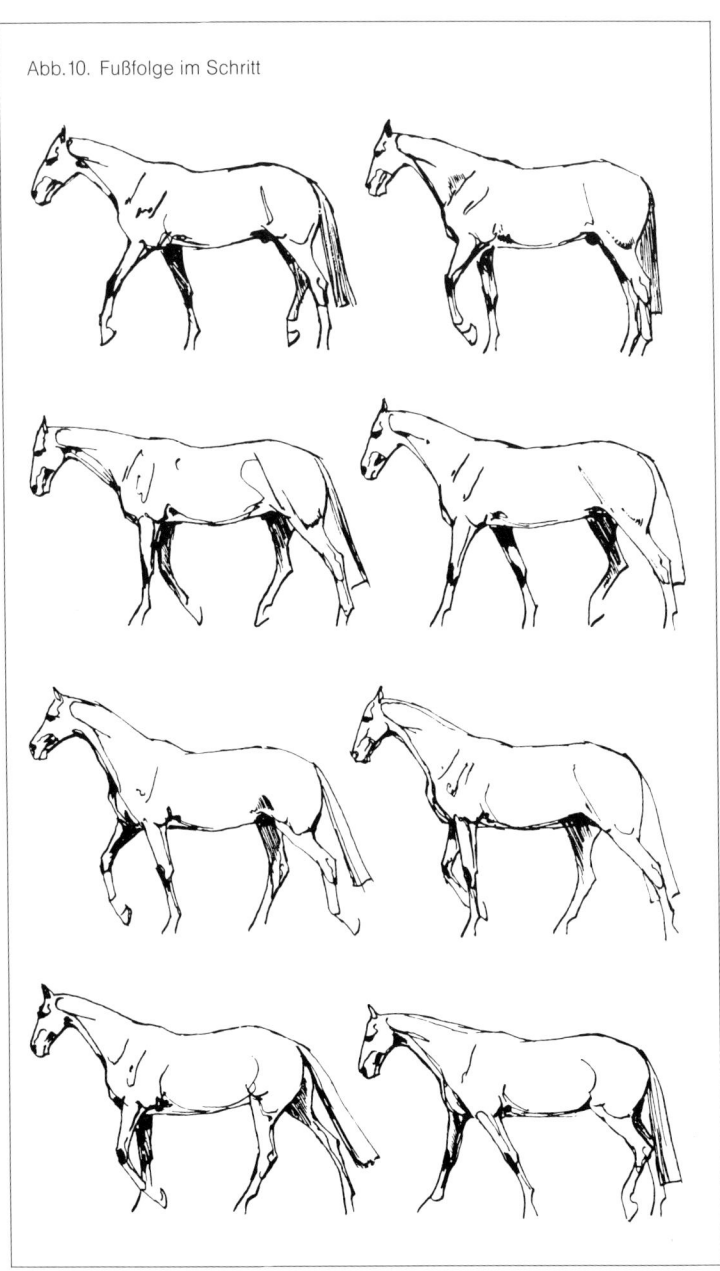

Abb. 10. Fußfolge im Schritt

Der linke Hinterfuß löst sich vom Boden, wenn der rechte Vorderfuß zur Hälfte vorgeführt ist. Der linke Vorderfuß löst sich vom Boden, wenn der rechte Vorderfuß fußt. Der linke Hinterfuß fußt, wenn der rechte Vorderfuß sich vom Boden löst.

Die Schrittlänge des normal großen Warmblutpferdes beträgt zwischen 70 und 140 cm, die Wegeleistung im Schritt 6–8 km in der Stunde.

An Gangmaßen des Schrittes unterscheiden wir den Mittelschritt, bei dem der Hinterfuß etwa eine Huflänge über die Spur des Vorderfußes hinaustritt, den starken Schritt, bei dem der Hinterfuß so weit wie möglich, aber mindestens etwa zwei Huflängen über die Spur des Vorderfußes hinaustritt, und den versammelten Schritt, bei dem der Hinterfuß etwa eine Huflänge hinter die Spur des Vorderfußes tritt.

Der Trab

Der Trab ist eine beschleunigte Gangart mit diagonaler Fußfolge. Die beiden diagonalen Beinpaare lösen sich regelmäßig ab, so daß wir zwei Hufschläge zu hören glauben. Es scheint sich jeweils ein Beinpaar am Boden zu befinden, während das andere erhoben ist:

> 1. Linker Hinterfuß und rechter Vorderfuß
> 2. Rechter Hinterfuß und linker Vorderfuß

Tatsächlich findet sich ein zeitlicher Abstand innerhalb der jeweiligen Diagonale, der jedoch so gering ist, daß wir ihn vernachlässigen können. Die Trittlänge des Warmblutpferdes im Trab beträgt 130 bis 220 cm. Bei Trabrennpferden sind im Rennen Trittlängen bis zu 820 cm gemessen worden. Die Geschwindigkeit im Trab beträgt beim Warmblutpferd 14 bis 20 km in der Stunde, beim Traber bis zu 55 km in der Stunde.

An Gangmaßen unterscheiden wir im Trab den Arbeitstrab, den Mittel- und starken Trab und den versammelten Trab. Im Mittel- und starken Trab, vor allem aber im Renntrab, haben wir nach dem Fußen jeder Diagonale eine Schwebephase, während der sich alle vier Beine über dem Boden befinden. Dadurch kommt eine Art Gleiten zustande. Beim Traber ist es außerdem sehr häufig, daß die Hinterbeine außen seitwärts an den noch in der Stützphase befindlichen Vorderbeinen vorbeigeführt werden.

Dem Trab zuzurechnen sind die beiden Schulgangarten Piaffe und Passage. Die Piaffe ist eine trabartige Bewegung auf der Stelle, bei der das Pferd in der diagonalen Fußfolge des Trabes bei starker Hankenbiegung auf der Stelle tritt. Bei der Passage handelt es sich um die höchste Versammlung und Vervollkommnung des Trabes. Die in der Fußfolge des Trabes sich energisch vom Boden abfedernden diagonalen Beinpaare halten in der Beugung länger aus, wobei ebenso wie bei der Piaffe der Unterarm bis zur Waagerechten gehoben werden soll, wogegen die gebeugten Hanken gut herangehaltenen Hinterfüße weniger hoch angezogen werden.

Zu den Bewegungen des Pferdes gehört auch das Zurücktreten. Da es ebenfalls im diagonalen Zweitakt erfolgt wie der Trab, soll es hier erwähnt werden. Beim Rückwärtstreten geht der Impuls von der Vorderhand aus.

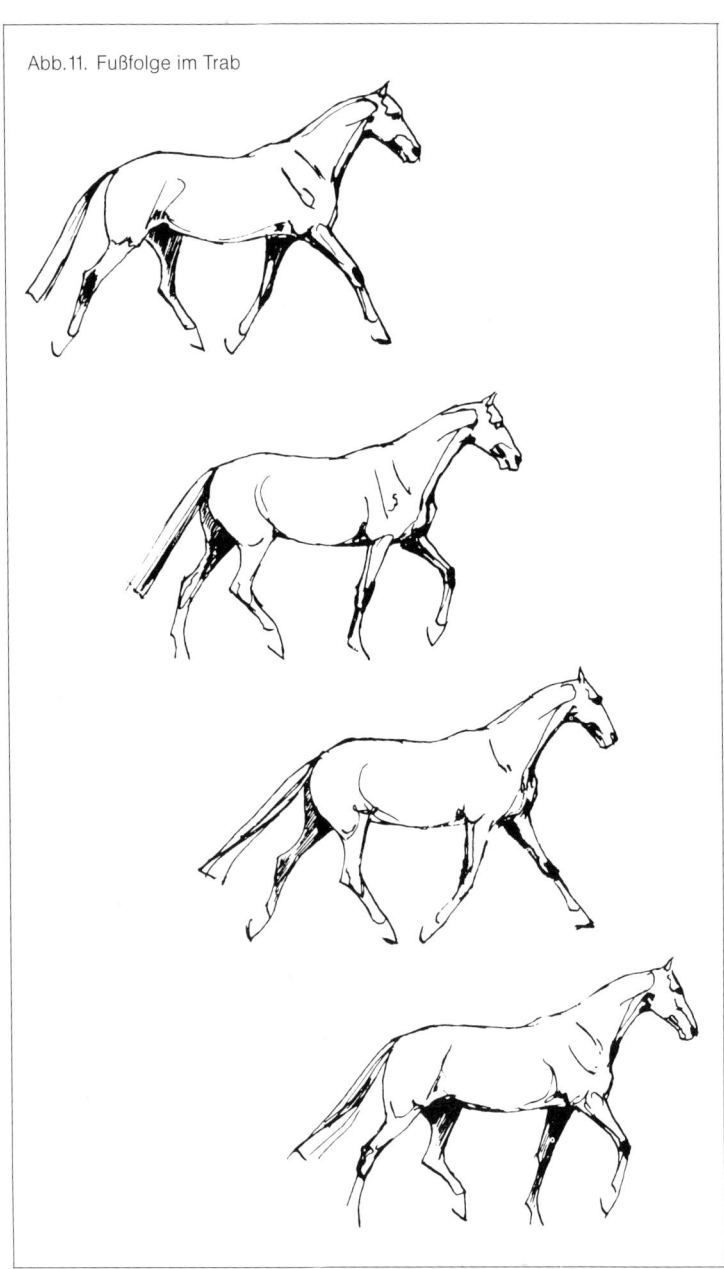

Abb. 11. Fußfolge im Trab

Abb. 12. Fußfolge im (Links-)Galopp

35

Der Galopp

Die schnellste Gangart des Pferdes ist der Galopp. Wir unterscheiden Links- und Rechtsgalopp, je nachdem, ob das linke oder rechte seitliche Beinpaar vorgreift. Im Linksgalopp fußt das Pferd folgendermaßen:

1. Rechter Hinterfuß
2. Linker Hinterfuß und rechter Vorderfuß
3. Linker Vorderfuß
4. Schwebephase

Wir hören also drei taktmäßige Hufschläge und dann eine Pause.
Im Galopp unterscheiden wir die gleichen Gangmaße wie im Trab. Bei einem fehlerhaft verkürzten, schwunglosen Galopp geht die Schwebephase verloren. Dann hören wir vier Takte, und die Fußfolge lautet:

1. Rechter Hinterfuß
2. Linker Hinterfuß
3. Rechter Vorderfuß
4. Linker Vorderfuß

Man sagt dann, daß der Galopp „rollt".
Beim Warmblutpferd werden Galoppsprunglängen von 350 bis 800 cm gemessen, beim Vollblut bis zu 1000 cm. Die Geschwindigkeit beträgt im Mittelgalopp 5 bis 9 m pro Sekunde (= 18 bis 32 km pro Stunde), im Renngalopp 12 bis 15 m pro Sekunde (= 43 bis 54 km pro Stunde).
Die natürlichste Art für das Pferd, den Galopp von einer Hand auf die andere zu wechseln, ist der fliegende Galoppwechsel. Er erfolgt ohne Zwischentritt im Vorwärts in einem erhabenen Galoppsprung hinten und vorn gleichzeitig. Bei der Entwicklung der größten Schnelligkeit, im Renngalopp, sind die Stützbeinphasen zugunsten der Schwingphasen verkürzt, und das innere Hinterbein der Mitteldiagonale fußt und hebt sich erheblich früher als das dazugehörige Vorderbein. So hört man ebenfalls einen Viertakt. Gleichzeitig ist die zwischen die einzelnen Bewegungsfolgen sich einschaltende Phase des freien Schwebens beträchtlich verlängert.

Der Paß

Kommen wir nun zu den Paßgängen, die bei unseren Warmblutrassen unerwünscht, für andere Pferderassen jedoch typisch sind. Es handelt sich dabei um abgewandelte Schrittbewegungen, in denen das Pferd ohne Änderung der Fußfolge größere Geschwindigkeiten entwickeln kann. Während alle Pferde Schritt und Galopp von Natur aus beherrschen, ist die Veranlagung zu Trab und Paß unterschiedlich ausgebildet, so daß manche Rassen nur Trab, andere nur Paß gehen oder sowohl Trab als auch Paß ausführen können. Der Paß ist die variabelste der vier Grundgangarten. Während Schritt, Trab und Galopp hinsichtlich Geschwindigkeit und Versammlungsgrad variiert werden können, gibt es beim Paß eine Menge nach Takt, Länge der Einzeltritte und Zwischenpausen verschiedene Bewegungen, von denen viele als Paß kaum noch erkannt werden können.

Grundsätzlich wird der Paß als eine Gangart definiert, bei der die beiden gleichseitigen Beine sich auch gleichzeitig bewegen. Das ist jedoch insofern nicht ganz richtig, als der hintere Fuß immer um Bruchteile eher aufsetzt als der vordere. Daraus resultiert die Variabilität dieser Gangart. Der Paß kann entweder „rein" ausgeführt werden, d. h. mit nahezu gleichzeitig aufsetzenden gleichseitigen Beinen, wie es das Kamel tut, aber auch der Paßgänger mit langsamer ausgeprägter Paßveranlagung oder der schnelle amerikanische Standardbred Renn-Pacer.

Der Paß kann jedoch auch „gebrochen" sein, d. h., daß zwischen dem Auffußen z. B. des linken Hinterfußes und des linken Vorderfußes eine Pause von unterschiedlicher Dauer eintreten kann, desgleichen auch zwischen dem Auffußen des linken vorderen und des rechten hinteren Fußes (also beim Seitenwechsel der Beinpaare). Während der hintere Huf aufsetzt, kann der vordere länger ausholen, womit er die beiden Beine der anderen Seite zwingt, bereits gleichfalls abzufußen, ehe er selbst das Gewicht aufnimmt usw. Es gibt Paßvarianten, bei denen sich jeweils drei Hufe am Boden und einer in der Luft befinden (Running Walk), und solche, bei denen drei Füße in der Luft sind und einer am Boden (Rack).

Zu diesen unterschiedlichen, miteinander verwandten Ausformungen des Passes, denen allen eine schnelle Fußfolge eigen ist, gehören Triple (Südafrika, Lesotho), Tölt (Island), Paso Fino (Bolivien, Kolumbien, Peru), Kathiawar-Gang (Indien), Ah-tha-cha (Burma), Amble (Großbritannien), Stepping Pace, Running Walk, Slow Gait, Single Foot, Rack (alle Nordamerika). Weitere Paßvariationen gibt es in Nord- und Zentralafrika, Vorderasien, Indonesien, China, Mongolei und Australien.

Der Sprung

Zu den Bewegungen des Pferdes gehört auch das Springen. Während man früher der Ansicht war, daß der Sprung über ein Hindernis nur ein erhöhter und erweiterter Galoppsprung sei, sind wir heute zu einer wesentlich differenzierteren Betrachtung gelangt.

Der Sprung kann aus allen Gangarten sowie aus dem Stand ausgeführt werden; in der Regel erfolgt er jedoch aus dem Galopp.

Der letzte Galoppsprung vor dem Absprung unterscheidet sich bereits ganz wesentlich von dem gesamten vorhergehenden Bewegungsablauf. Als Vorbereitung springt das Pferd mit den Hinterbeinen weit unter den Schwerpunkt. Damit hat es eine gewisse Versammlung vorgenommen. Der Abstand, in dem die Hinterbeine zueinander fußen, kann bei demselben Pferd von Sprung zu Sprung variieren. Gleichgültig, ob das Pferd vor dem Abspringen die Hinterhufe enger oder weiter voneinander gesetzt hat, sieht man vor allem bei Sandboden einen kräftigen Abdruck der Hinterhufe, der ein gewisses Abbremsen verrät.

Wenn sich die Vorderbeine des Pferdes bei dem letzten Galoppsprung weiter als normal nach vorn plazieren, nähert sich der Schwerpunkt des Pferdes mehr dem Boden. Dank diesem „Tauchen" der Vorderhand erhält das Pferd die Möglichkeit zu ihrem kräftigen Abdrücken vermittels Muskelkontraktion und Streckung aller Gelenkwinkel. Hierdurch wird dem Körper der Impuls nach oben vermittelt. Die Höhe des Sprungs wird also stark vom Impuls der Schultergliedmaße beeinflußt. Die Hinterbeine haben den Boden bereits verlassen, wenn sich die Vorderhand streckt und abfußt. Dadurch, daß das Pferd sich vorn abstößt, hat es die Möglichkeit, mit der Hinterhand weit unterzuspringen und sich vor dem Absprung sozusagen wie eine Sprungfeder zusammenzuschieben. Es ist wichtig für den zweiten Teil des Absprunges, daß das Untersetzen der Hinterbeine unter die abdrückende Vorderhand rasch geschieht.

In der zweiten Phase plazieren sich günstigenfalls die Hinterbeine genau unter den Schwerpunkt des Pferdes, so daß es zu einer optimalen Unterstützung des Vorwärts-Aufwärts-Impulses kommt. Während die Vorderhand des Pferdes den Boden verlassen hat und die Hinterbeine ihn noch nicht wieder berührt haben, entsteht eine ganz kurze Schwebephase. Darauf folgt der zweite Teil des Absprunges.

Als nächstes fußen jetzt die Hinterhufe. Um seinen Schwerpunkt nach hinten zu verlagern, hebt das Pferd Kopf und Hals. Oft setzt es die Hinterbeine sehr eng nebeneinander, um ein gleichzeitiges konzentriertes Abfußen zu erzielen. Es beugt die Hinterbeine, um die sehr kräftige Streckung vorzubereiten, die für den Sprung selbst notwendig ist. Diese Streckung geschieht explosionsartig und mit großer Kraft in dem Moment, wenn die Hufe den Boden berühren. Die Weite des Sprunges hängt wesentlich von diesem Impuls der Beckengliedmaße ab.

Zu Beginn der zweiten Phase des Absprunges winkelt das Pferd die Vorderbeine an, um das Hindernis nicht zu berühren. Es hält sie angewinkelt, bis es das Hindernis mit der Vorderhand überwunden hat und durch ihr Ausstrecken die Landephase einzuleiten beginnt. Sobald die Hinterbeine den Boden verlassen haben, winkelt es sie ebenfalls an. Nachdem es auch mit der Hinterhand das Hindernis passiert hat, strebt es danach, die Hinterbeine möglichst rasch nach vorwärts/abwärts zu bringen, und bereitet so die Landung vor.

Verschiedene Pferde haben in der Schwebephase sehr unterschiedliche Fähigkeiten, ihren Rücken zu wölben. Das ist deshalb von Bedeutung, weil sie, wenn sie im Sprung den Rücken aufwölben, „mit Rücken" springen, natürlich nicht so hoch springen müssen, als wenn sie mit weggedrücktem Rücken, „ohne Rücken", springen.

Wenn das Pferd das Hindernis passiert hat, streckt es die Vorderbeine aus und hält sie relativ dicht zusammen. Unmittelbar vor der Landung streckt es dann plötzlich erst ein Bein vor und fußt damit, und erst dann belastet es das andere. Das ist notwendig, weil das Pferd aufgrund seiner anatomischen Konstruktion sein Bein nicht beugen kann, wenn es belastet ist. Wenn es mit beiden Beinen zugleich landete, schlösse das im Falle eines Rumplers das Risiko eines Sturzes ein. Viele nicht richtig durchgymnastizierte Pferde gewöhnen es sich an, immer auf demselben Vorderbein zu landen, wodurch sie es leicht überbelasten. Außerdem galoppieren sie danach auf demselben Fuß weiter, was vor allem bei kurzen Wendungen nach dem Sprung Schwierigkeiten machen kann.

Die Kurve, die der Schwerpunkt des Pferdes im Sprung beschreibt, gleicht einer Wurfparabel, wobei die Form der Kurve von drei Faktoren bestimmt wird:

1. Je höher die Anreitgeschwindigkeit, mit der sich das Pferd dem Hindernis nähert, desto weiter der Sprung.
2. Je größer der Absprungswinkel, desto höher der Sprung. Der Sprung erreicht seine größte Weite bei einem Absprungswinkel von ca. 50°.
3. Je kräftiger das Abfußen, desto höher und weiter der Sprung.

Grundgedanken zur Pferdezucht

Unter dem Begriff „Art" verstehen wir die Gesamtheit aller Tiere, die in ihren Erbanlagen, ihrem Plasma und ihren Chromosomen so weit übereinstimmen, daß jede Paarung von ihr zugehörigen Individuen zu Nachkommen mit uneingeschränkter Fruchtbarkeit und voller Lebenseignung führt, abgesehen von den in jeder Population vorkommenden krankhaften Veränderungen, Mutationen und Erbfehlern. Die uneingeschränkte Fruchtbarkeit der zu derselben Art gehörigen Tiere untereinander ist ihr wichtigstes Kriterium. Paarungen von Tieren verschiedener Arten, wie etwa Pferd mit Esel oder Zebra, führen zu unvollständiger Fruchtbarkeit, Störungen in der Entwicklung, zu Lebensschwäche oder zu allen drei Defiziten.

Mit dem Begriff „Rasse" bezeichnen wir alle Tiere derselben Art, die sich durch gleiche Erbanlagen (und damit Entwicklung gleicher Eigenschaften unter ähnlichen Milieubedingungen) von dem Rest der Art unterscheiden und sich aufgrund dieser Erbanlagen zu einer Population zusammenfassen lassen. Rassen entstehen durch Selektion in eine bestimmte Richtung und durch isolierte Vermehrung. Es ist eine Sache der Übereinkunft, des Herkommens, der Zweckmäßigkeit, manchmal auch Zufall oder Willkür, nach welchen Kriterien man Tiere derselben Art unter einem Rassebegriff zusammenfaßt. Derartige Zusammenfassungen können erfolgen nach ökologischen oder morphologischen Merkmalen, nach bestimmten Rassekennzeichen (z. B. Farben), nach dem Verbreitungsgebiet (zu Lokalrassen oder sogenannten geographischen Rassen), nach physiologischen und psychologischen Fähigkeiten, nach Leistungsanlagen (zu sogenannten Leistungsrassen) oder nach Abstammung, häufig auch nach mehreren dieser Kriterien.

Die heutigen Pferderassen, vor allem die hochgezüchteten Kulturrassen, sind durch den Einfluß des Menschen entstanden, durch Selektion auf einen bestimmten Typ, auf exterieure, gangmäßige oder Leistungsanlagen. Das Rassebild oder Zuchtziel, das der Mensch seiner Zusammenfassung zu einer Rasse zugrunde legt, kann nur durch daran ausgerichtete ständige Selektion erhalten bzw. ihm ähnlich gehalten bleiben. Der Züchter kann immer nur die Wahl zwischen dem treffen, was ihm an Genotypen und Phänotypen zur Verfügung steht und soweit eine Beziehung zwischen Phänotypen und Genotypen besteht. Je konsequenter die Zuchtauslese, je konstanter die

Anforderungen an die gewünschten Eigenschaften, d.h. je konsequenter und länger ein bestimmtes Zuchtziel verfolgt wurde, desto homogener ist eine Zucht, desto durchgezüchteter ist das einzelne Produkt, desto größere Zuchtkonstanz besitzt es, desto verläßlicher stimmen sein Phänotyp und sein Genotyp überein.

Unter dem Genotyp verstehen wir das Erbpotential (Erbbild, Erbgepräge) eines Lebewesens, alle Eigenschaften, die es von seinen Vorfahren ererbt hat und die es an seine Nachkommen weitergibt, während wir die Eigenschaften, die durch Milieu (Haltung, Fütterung, Klima, Training etc.) entstehen, mit dem Begriff Phänotyp bezeichnen. Eigenschaften, deren Anlage nicht ererbt, also im Genotyp nicht vorhanden sind, lassen sich auch nicht durch stärkste Milieueinflüsse positiver oder negativer Art hervorbringen. Dagegen lassen sich im Erbgepräge vorhandene Eigenschaften durch entsprechend gerichtete äußere Einflüsse positiver oder negativer Art fördern oder unterdrücken. Ein Beispiel mag dies erläutern: Von einem Hengst, der nur die gesetzlich vorgeschriebene Hengstleistungsprüfung, den 100-Tage-Test, absolviert hat und später nicht mehr weiter geritten worden ist, wissen wir nicht, ob er die notwendigen Anlagen für höhere Leistungen etwa im Spitzensport in seinem Erbbild besitzt. Er kann sie besitzen, muß aber nicht! Der Grand-Prix-Sieger dagegen hat es klar bewiesen.

Brandzeichen in Deutschland

Gesamtübersicht der zur Zeit in der Bundesrepublik gültigen Brände (siehe Abbildung, nach O. Wedekind, etwas verändert!):

Verband der Züchter des Holsteiner Pferdes mit Reit- und Fahrschule Elmshorn e.V. – Warmblut.
1. Eintragungsbrand für Fohlen – linker Hinterschenkel – zweistellige Zahl bezeichnet die beiden letzten Ziffern der Lebensnummer; gültig seit 1944; mit Nummer seit 1970.
2. Brand für Staatsprämienstuten – linke Halsseite; seit 1950.
3. Kontrollbrand für Fohlen, wenn nur ein Elternteil in das Holsteiner Gestütsbuch eingetragen ist – linker Hinterschenkel – zweistellige Zahl bezeichnet die beiden letzten Ziffern der Lebensnummer; gültig seit 1972.

Landesverband der Pony- und Kleinpferdezüchter Schleswig-Holstein/Hamburg e.V.
4. Eintragungsbrand für Fohlen – linker Hinterschenkel – gültig seit 1972.
5. Eintragungsbrand für Vorbuchstuten – linker Hinterschenkel.
6. Eintragungsbrand für Stutbuchstuten – linker Hinterschenkel.
7. Eintragungsbrand für Hauptstutbuchstuten – linker Hinterschenkel und Staatsprämienbrand – linke Halsseite.

Verband Schleswiger Pferdezuchtvereine e.V. – Kaltblut.
8. Eintragungsbrand für Fohlen – rechter Hinterschenkel – und Eintragungsbrand für Stutbuchstuten – linker Hinterschenkel.
9. Eintragungsbrand für Hauptstutbuchstuten – linker Hinterschenkel.

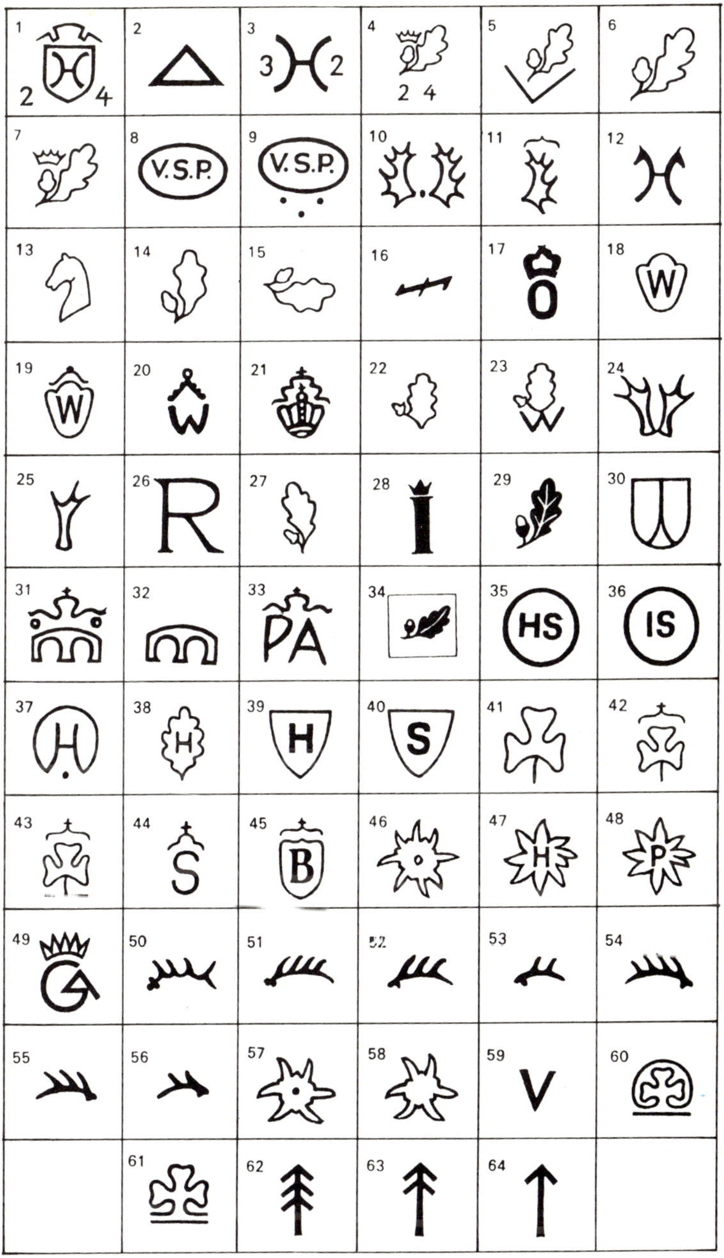

1 2 4
2
3 3 2
4 2 4
5
6
7
8 V.S.P.
9 V.S.P.
10
11
12
13
14
15
16
17 O
18 W
19 W
20 W
21
22
23 W
24
25
26 R
27
28
29
30
31
32
33 PA
34
35 HS
36 IS
37 H
38 H
39 H
40 S
41
42
43
44 S
45 B
46
47 H
48 P
49 G
50
51
52
53
54
55
56
57
58
59 V
60
61
62
63
64

Verband der Züchter und Freunde des Warmblutpferdes Trakehner Abstammung e.V.
10. Eintragungsbrand für Fohlen aus Hauptstutbuchstuten – linker Hinterschenkel – und Eintragungsbrand für Hauptstutbuchstuten – linke Halsseite.
11. Eintragungsbrand für Fohlen aus Stutbuchstuten – linker Hinterschenkel.

Verband Hannoverscher Warmblutzüchter e.V. – Warmblut.
12. Eintragungsbrand für Fohlen aus Stutbuchstuten – linker Hinterschenkel – 1925 bis 1945 und seit 1965 und Eintragungsbrand für Fohlen aus Hauptstutbuchstuten – linker Hinterschenkel – seit 1946 und Eintragungsbrand für Hauptstutbuchstuten – linke Halsseite – seit 1946 und Eintragungsbrand für Stutbuchstuten – linke Halsseite – seit 1965.
13. Eintragungsbrand für Fohlen aus Vorbuchstuten – linker Hinterschenkel – seit 1946 – und Eintragungsbrand für Vorbuchstuten – linke Halsseite – seit 1946.

Verband der Pony- und Kleinpferdezüchter Hannover e.V.
14. Eintragungsbrand für Fohlen aus Stutbuch- und Hauptstutbuchstuten – linker Hinterschenkel – und Eintragungsbrand für Stutbuch- und Hauptstutbuchstuten sowie Hengste – linke Halsseite.
15. Eintragungsbrand für Fohlen aus Vorbuchstuten – linker Hinterschenkel. Eintragungsbrand für Vorbuchstuten – linke Halsseite.

Stammbuch für Kaltblutpferde Niedersachsen e.V. – Kaltblut.
16. Eintragungsbrand für Fohlen aus Hauptstutbuch- und Stutbuchstuten – bis 1963 linke Halsseite – seit 1964 auch aus Vorbuchstuten, alle linker Hinterschenkel.

Verband der Züchter des Oldenburger Pferdes – Warmblut.
17. Eintragungsbrand für Fohlen aus eingetragenen Stuten – linker Hinterschenkel – seit 1897.

Westfälisches Pferdestammbuch e.V.
18. a) Eintragungsbrand für Fohlen aus Vorbuchstuten:
    Warmblut: linker Hinterschenkel,
    Kaltblut: linke Halsseite und
    b) Eintragungsbrand für Vorbuchstuten:
    Warmblut: linke Halsseite,
    Kaltblut: linker Hinterschenkel.
19. a) Eintragungsbrand für Fohlen aus Hauptstutbuch- und Stutbuchstuten:
    Warmblut: linker Hinterschenkel,
    Kaltblut: linke Halsseite und
    b) Eintragungsbrand für Hauptstutbuch- und Stutbuchstuten:
    Warmblut: linke Halsseite,
    Kaltblut: linker Hinterschenkel.
    Haflinger:
20. Eintragungsbrand für Fohlen aus Hauptstutbuch- und Stutbuchstuten – linker Hinterschenkel – gültig seit 1966.

21. Eintragungsbrand für Hauptstutbuchstuten – linke Halsseite.
Kleinpferde und Ponys:
22. Eintragungsbrand für Fohlen aus Vorbuchstuten – linker Hinterschenkel – seit 1966.

Eintragungsbrand für Fohlen – linke Halsseite – seit 1966 – und Eintragungsbrand für Hauptstutbuch- und Stutbuchstuten – linker Hinterschenkel – seit 1966.
Kleinpferde:
23. Eintragungsbrand für Fohlen aus Hauptstutbuch- und Stutbuchstuten – linker Hinterschenkel – seit 1966 – und Eintragungsbrand für Hauptstutbuch- und Stutbuchstuten – linke Halsseite – seit 1966.

Rheinisches Pferdestammbuch e. V. – Warmblut.
24. Eintragungsbrand für Fohlen aus Hauptstutbuchstuten – linker Hinterschenkel – und Eintragungsbrand für Hauptstutbuchstuten und Hengste – linke Halsseite.
25. Eintragungsbrand für Fohlen aus Stutbuchstuten – linker Hinterschenkel – und Eintragungsbrand für Stutbuchstuten – linke Halsseite.
26. Eintragungsbrand für Fohlen aus Vorbuchstuten – linker Hinterschenkel – und Eintragungsbrand für Vorbuchstuten – linke Halsseite.
Kleinpferde und Ponys:
27. Eintragungsbrand für Fohlen der Rassen Haflinger, Fjord, Deutsche Reitponys, Welsh, Shetland – linker Hinterschenkel – und Eintragungsbrand für Stuten und Hengste der obengenannten Rassen – linke Halsseite.
28. Eintragungsbrand für Fohlen der Rasse Island-Pony – linker Hinterschenkel – und Eintragungsbrand für Stuten und Hengste der Rasse Island-Pony – linke Halsseite.

Pferdezuchtverband Rheinland/Nassau e.V.
Ponys und Kleinpferde:
29. Eintragungsbrand für Fohlen – linker Hinterschenkel – seit 1969 – und Eintragungsbrand für Stuten und Hengste – linke Halsseite seit 1969.
Warmblut:
30. Eintragungsbrand für Fohlen – linker Hinterschenkel – seit 1969 – und Eintragungsbrand für Stuten und Hengste – linke Halsseite – seit 1969.

Landesverband der Pferdezüchter Pfalz-Saar e.V.
Warmblut:
31. Eintragungsbrand für Fohlen – linker Hinterschenkel.
32. Eintragungsbrand für Hauptstutbuch- und Stutbuchstuten – linke Halsseite – und Eintragungsbrand für Vorbuchstuten – rechte Halsseite.
Kaltblut:
33. Eintragungsbrand für Fohlen – linker Hinterschenkel – und Eintragungsbrand für Hauptstutbuch- und Stutbuchstuten – linke Halsseite – und Eintragungsbrand für Vorbuchstuten – rechte Halsseite.
Norweger:
34. Eintragungsbrand für Fohlen – linker Hinterschenkel – und Eintragungsbrand für Hauptstutbuch- und Stutbuchstuten – linke Halsseite – und Eintragungsbrand für Vorbuchstuten – rechte Halsseite.

Haflinger:
35. Eintragungsbrand für Fohlen – linker Hinterschenkel – und Eintragungsbrand für Hauptstutbuch- und Stutbuchstuten – linke Halsseite – und Eintragungsbrand für Vorbuchstuten – rechte Halsseite.
Islandpferde:
36. Eintragungsbrand für Fohlen – linker Hinterschenkel – und Eintragungsbrand für Stutbuchstuten – linke Halsseite.

Verband Hessischer Pferdezüchter e.V.
Warm- und Kaltblut:
37. Eintragungsbrand für Fohlen – linker Hinterschenkel – und Eintragungsbrand für Hauptstutbuch- und Stutbuchstuten – linke Halsseite.
Haflinger:
38. Eintragungsbrand für Fohlen – linker Hinterschenkel.
39. Eintragungsbrand für Hauptstutbuchstuten – linke Halsseite.
40. Eintragungsbrand für Stutbuchstuten – linke Halsseite.

Verband der Ponyzüchter Hessen e.V.
41. Eintragungsbrand für Fohlen aus Vorbuchstuten – linker Hinterschenkel – seit 1952 – und Eintragungsbrand für Vorbuchstuten – linke Halsseite – seit 1952.
42. Eintragungsbrand für Fohlen aus Stutbuchstuten – linker Hinterschenkel – seit 1952 – und Eintragungsbrand für Stutbuchstuten – linke Halsseite – seit 1952.
43. Eintragungsbrand für Fohlen aus Hauptstutbuchstuten – linker Hinterschenkel – seit 1952 – und Eintragungsbrand für Hauptstutbuchstuten seit 1952 und Hengste seit 1966 – linke Halsseite.

Stammgestüt Schwaiganger.
44. Eintragungsbrand für alle im Stammgestüt geborenen Fohlen – rechter Hinterschenkel.

Landesverband Bayerischer Pferdezüchter e.V.
Warmblut:
45. Eintragungsbrand für Fohlen – linker Hinterschenkel – seit 1946 – und Eintragungsbrand für Stuten und Hengste – linke Halsseite – seit 1946.
46. Eintragungsbrand für Fohlen – linker Hinterschenkel – und Eintragungsbrand für Stuten und Hengste – linke Halsseite.
    Edelweiß mit 1 Punkt   = *Oberbayern*
            mit 2 Punkten = *Niederbayern/Oberpfalz*
            mit 3 Punkten = *Schwaben*
            mit 4 Punkten = *Franken*
Haflinger:
47. Eintragungsbrand für Fohlen – linker Hinterschenkel – und Eintragungsbrand für Stuten und Hengste – linke Halsseite.

Verband der Kleinpferdezüchter Bayerns e.V.
Ponys:
48. Eintragungsbrand für Fohlen – linker Hinterschenkel – und Eintragungsbrand für Stuten und Hengste – linke Halsseite.

Araber-Vollblutgestüt Achental.
49. Eintragungsbrand für Fohlen – linke Sattellage.

Haupt- und Landgestüt Marbach a. d. Lauter.
50. Eintragungsbrand für Fohlen – rechter Hinterschenkel – gültig seit 1958 –
außerdem erhalten sie den Rassebrand des jeweiligen Zuchtverbandes
nach dessen Brennordnung (z. B. Württemberger, Trakehner) – gebrannt
werden alle im Gestüt geborenen Fohlen.

Verband Württemberger Pferdezüchter e.V.
Warmblut:
51. Eintragungsbrand für Fohlen aus Hauptstutbuchstuten – linker Hinterschenkel – gültig seit 1907, seit 1965 auch für Warmblutpferde des Badi-
schen Pferdestammbuches, und Eintragungsbrand für Hauptstutbuchstuten und Hengste – linke Halsseite – gültig siehe oben.
52. Eintragungsbrand für Fohlen aus Stutbuchstuten – linker Hinterschenkel
– gültig siehe oben – und Eintragungsbrand für Stutbuchstuten – linke
Halsseite – gültig siehe oben.
53. Eintragungsbrand für Fohlen aus Vorbuchstuten – linker Hinterschenkel
– gültig siehe oben – und Eintragungsbrand für Vorbuchstuten – linke
Halsseite – gültig siehe oben.
Kaltblut:
54. Eintragungsbrand für Fohlen aus Hauptstutbuchstuten – linker Hinterschenkel – gültig seit 1907, seit 1965 auch für Kaltblutpferde des Badi-
schen Pferdestammbuches, und Eintragungsbrand für Hauptstutbuchstuten und Hengste – linke Halsseite – gültig siehe oben.
55. Eintragungsbrand für Fohlen aus Stutbuchstuten – linker Hinterschenkel
– gültig siehe oben – und Eintragungsbrand für Stutbuchstuten – linke
Halsseite – gültig siehe oben.
56. Eintragungsbrand für Fohlen aus Vorbuchstuten – linker Hinterschenkel
– gültig siehe oben – und Eintragungsbrand für Vorbuchstuten – linke
Halsseite – gültig siehe oben.
Haflinger:
57. Eintragungsbrand für Fohlen aus Hauptstutbuchstuten – linker Hinterschenkel – und Eintragungsbrand für Hauptstutbuchstuten und Hengste
– linke Halsseite.
58. Eintragungsbrand für Fohlen aus Stutbuchstuten – linker Hinterschenkel
– und Eintragungsbrand für Stutbuchstuten – linke Halsseite.
59. Eintragungsbrand für Fohlen aus Vorbuchstuten – linker Hinterschenkel
– und Eintragungsbrand für Vorbuchstuten – linke Halsseite (dieser
Brand gilt auch als Eintragungsbrand für *Pony- und Kleinpferde*-Vor-
buchstuten des *Westfälischen Pferdestammbuches* – ebenfalls linke
Halsseite) sowie für *Fjord*- und *Pony*-Fohlen aus Vorbuchstuten sowie
Fjord- und *Pony*-Vorbuchstuten des *Württemberger Pferdezüchterver-
bandes.*

Fjord und Ponys:
60. Eintragungsbrand für Fohlen aus Hauptstutbuchstuten – linker Hinter-schenkel – und Eintragungsbrand für Hauptstutbuchstuten und Hengste – linke Halsseite.
61. Eintragungsbrand für Fohlen aus Stutbuchstuten – linker Hinterschenkel – und Eintragungsbrand für Stutbuchstuten – linke Halsseite.

Badisches Pferdestammbuch e.V.
Schwarzwälder Kaltblut:
62. Eintragungsbrand für Fohlen aus Hauptstutbuchstuten – linker Hinter-schenkel – und Eintragungsbrand für Hauptstutbuchstuten – linke Hals-seite.
63. Eintragungsbrand für Fohlen aus Stutbuchstuten – linker Hinterschenkel – und Eintragungsbrand für Stutbuchstuten – linke Halsseite.
64. Eintragungsbrand für Fohlen aus Vorbuchstuten – linker Hinterschenkel – und Eintragungsbrand für Vorbuchstuten – linke Halsseite.

Literaturverzeichnis

R. L. Ahnert, Die Pferde Nordamerikas, Friedberg o. A.
Ders., Die Vollblutzucht der Welt, Dorheim 1970
J. Aiscan, Vollbluthengste, Echzell 1974
B. Bade / W. Ernst, Das Landgestüt Celle und seine Hengste, Bad Homburg 1982
Juri N. Barminzew, Rußlands Pferde, Rüschlikon 1977
Peter H. Birdsall, Bloodlines of Hunters and Jumpers in North America, New York 1981
Igor Bobilew, Das große Buch der Pferde in Rußland, Luzern 1977
Frans Châles de Beaulieu, Das Zeitalter des Sportpferdes, Berlin o. A.
John Clabby, Naturgeschichte des Pferdes, Heidenheim 1978
Michael Clayton, The Hunter, Richmond on Thames 1980
A. A. Dent, The Pure Bred Exmoor Pony, Dulverton 1970
Monique u. Hans Dossenbach / H. J. Köhler, Die großen Gestüte der Welt, Bern 1977
Monique u. Hans Dossenbach / M. Rueger / H. P. Meier, Irlands Pferde, Bern–Stuttgart 1975
Claude et Monique Epaule, Le Haras de Saint-Lô, Saint-Lô 1983
J. Fairfax-Blakeborough, The Cleveland Bay Horse, o. A.
Judith Forbis, Das klassische Arabische Pferd, Berlin 1980
Otto Frey, Baden-Württembergs Pferde, Stuttgart 1984
F. Gentner, Der Haflinger und seine Zucht, München – Basel – Wien 1965
R. Glyn / U. Bruns, Das große Buch der Pferderassen, Rüschlikon – Zürich 1971
D. M. Goodall, British Native Ponies, London 1963
Dies., Pferde der Welt, Heidenheim 1966

U. Guttmann, Haflinger im Originalzuchtgebiet Südtirol, Winterthur 1967

U. Guttmann / C. R. Raswan, Arabische Pferde, Winterthur 1974

Chr. Hansen, De samvirkende jydske Hesteavlsforeninger gennem 75 år, Aarhus 1963

Baroneß v. Heemstra-Popken, Het friese Paard, Amsterdam 1961

M. Heling, Trakehnen, München 1965

Ders., Das vollendete Pferd, Frankfurt 1974

Gerhard Kapitzke, Frankreich für Pferdefreunde, Köln 1981

Ders., Die Staatsgestüte, München 1979

Ders., Wildlebende Pferde, Berlin-Hamburg 1973

B. Karnbaum, Die züchterische Entwicklung der deutschen Warmblutzucht in der Bundesrepublik nach 1945, Winterthur 1969

Richard Keller, Pferde des Orients, Heidenheim 1974

H. J. Köhler, Hannoversche Pferde, Luzern 1977

Rainer Krewerth, Wo die wilden Pferde leben, Warendorf 1979

I. Krumbiegel, Einhufer, Wittenberg 1958

H.-P. Lampe, Westfalens Pferde, Recklinghausen o. A.

Ch. Leicester, Bloodstock Breeding, London 1983

G. v. Lengerken, Untersuchungen über den Einfluß der zur Veredelung der deutschen Warmblutzucht verwendeten Spezialhengste, Berlin 1967

S. A. Magnússon / E. Isenbügel, Islandpferde, Rüschlikon 1979

W. Menzendorf / H. Lehrner, Piber – Das Gestüt der österreichischen Lipizzaner, München 1977

E. Meyer, Farbe und Abzeichen bei Pferden, Hannover 1973

E. Mohr, Das Urwildpferd, Wittenberg 1959

R. Nickel / A. Schummer / E. Seiferle, Lehrbuch der Anatomie der Haustiere, Berlin-Hamburg 1954–1975

J. Nissen, Vollblut in der warmblütigen Leistungszucht Holsteins, Hamburg 1969

Ders., Welches Pferd ist das? Stuttgart 1976

Günter Nobis, Vom Wildpferd zum Hauspferd, Köln 1971

Maurice O'Neill, Le Haras du Pin, Le Pin 1983

A. Podhajsky, Triumph der Lipizzaner, München 1962, 1972

O. Saenger, Araberstutbuch von Deutschland, Hildesheim – New York 1973

M. Schäfer, Großponys und Kleinpferde, München 1972

E. Schiele, Araber in Europa, München – Basel – Wien 1967, 1973

Dies., Arabiens Pferde, München – Bern – Wien 1972, 1975

W. Schockemöhle, Die großen Hengste Hannovers, Friedberg o. A.

Dieter Schön, Praktische Pferdezucht, Stuttgart 1983

H. J. Schwark, Pferdezucht, Melsungen 1984

H. J. Stammel, Der Cowboy von A–Z, Gütersloh 1972

Werner Stegemöller, Die lebendige Geschichte des Trabrennsportes, Münster 1981

Christian Freiherr v. Stenglin, Deutsche Pferdezucht, Warendorf 1983

F. Tesio, Meine Vollblutzucht, Stuttgart 1971

F. Traut, Gestüte Europas, Verden 1971

H. Trunz, Pferde im Lande des Bernsteins, Berlin – Hamburg 1967

W. Uppenborn, Pferdezucht und Pferdehaltung, Offenbach 1970

Eberhard v. Velsen, Der Trakehner, Stuttgart 1981

O. Wedekind, Brandzeichen bei Pferden, Hannover 1975
E. Weiland, Pferdezucht in der Schweiz, Winterthur 1969
Georg Wenzler, Das Arabische Vollblutpferd, Stuttgart 1980
Ders., Stutbuch Weil-Marbach 1871–1971, Bamberg 1972
A. v. Wrangel, Der Araber in Arabien, Heidenheim 1966
Graf C. G. Wrangel, Das Buch vom Pferde, Stuttgart 1927, Nachdruck 1975
K. Zeeb, Pferde, Bern-Stuttgart 1973

Zeitschriften

Das Holsteiner Pferd, Hamburg; Das Tier, Bern; Der Tierzüchter, Bonn; Galopp, Brüssel; Hannoversches Pferd, Hannover; Hästen, Stockholm; Het landbouw-rijpaard, Leeuwen; Hippologisk Tidskrift, Kopenhagen; Hoofs and Horns, Adelaide; L'Année Hippique – Paddock, Lausanne; L'Eperon, Genf; Pferd und Sport, Berlin (Ost); Reiter-Revue International, Düsseldorf; Riding, London; The Light Horse, London; Vollblut, Köln; Sportwelt, Köln; Pferde – Zucht und Sport in Schleswig-Holstein und Hamburg; Sankt Georg, Hamburg; Schweizer Kavallerist, Pfäffikon; Stud and Stable, London; The Chronicle of the Horse, Middleburg; Westfalens Roß und Reiter, Münster; Horse and Hound, London; In de Strengen, Soestdijk.

Bildnachweis

Albino Horse Society S.176; d'Ailly – CBC S.152; American Saddle Horse Society S.52; Bundesministerium f. Land- und Forstwirtschaft, Wien, S.126, 142; Causeway S.178; Coleman S.133; Dahl S.140; Dömken S.60; Dossenbach S.2/3, 99; Ernst S.67, 69, 72, 104, 106, 147, 148, 180, 182; Gorski S.145; Harrap S.171; Jacana S.79; Manach-ERA-France S.70, 157; Miller S.64; Pony of the Americas Society S.54; Raczkowska S.184; Reinhard S.49, 86; Roberts S.179; Spectrum S.76; Sting S.61; Stone S.146; Thompson S.50, 51, 53, 55, 57, 58, 59, 62, 63, 65, 68, 71, 73, 74, 77, 78, 80, 81, 82, 83, 85, 87, 90, 91, 92, 93, 94, 95, 96, 98, 100, 101, 102, 103, 108, 110, 111, 113, 114, 115, 116, 119, 120, 122, 123, 124, 128, 129, 130, 131, 132, 134, 135, 136, 137, 138, 139, 143, 144, 150, 151, 153, 154, 155, 156, 159, 160, 161, 162, 163, 164, 165, 168, 170, 172 (2), 173, 174, 181, 183, 185, 186, 187; Tiedemann S.88; Trouillet S.167; Weiland S.84, 97; Archiv Hamlyn S.117, 118, 120, 125, 141, 166.

Die Rassen

Akhal-Tekkiner

<u>Typ und Verwendung:</u> Hochedle Steppenpferdrasse der Tekke-Turkmenen; ausschließliches Reitpferd; ausdauernd, hart; elegant, rassig, Bluttyp; ausgeglichene Zucht; intelligent, erfordert viel Einfühlungsvermögen bei der Ausbildung. Sportpferd (Dressur, Military, Springen).

<u>Exterieur:</u> Dem arabischen Mu'niqi-Typ oder dem Englischen Vollblut nahe, auffallende Schönheit und Majestät; leichter Kopf, manchmal etwas ramsnasig; große ausdrucksvolle Augen, langer, gerader (oft „Hirsch"-) Hals; wenig Gurtentiefe; lange, oft feine Gliedmaßen, extrem trockene Textur, deutlich markierte Sehnen; relativ große Hufe mit niedrigen Trachten; Haut und Haar außerordentlich fein; sehr dünnes, kurzes Mähnen- und Schweifhaar; schöne Farben, metallischer Glanz; oft kupfriges, changierendes Goldrotbraun; häufigste Farben: Braun, Schimmel, Goldfalb, Rappe und Dunkelbraun, Fuchs, teils mit hellem Langhaar; auch Isabellen und Falben; weiße Abzeichen an Kopf und Gliedmaßen häufig. Größe: Hengste ca. 155 cm, Stuten 153 cm Stockmaß.

<u>Mechanik:</u> Spezifische, weiche, elastische, gleitende Bewegungen; langer, bodendeckender Schritt, hervorragendes Galoppiervermögen; fördernder Trab, guter Antritt von hinten; Springanlagen.

<u>Zuchtgebiete, Gestüte:</u> UdSSR; Turkmenische, Kasachische, Usbekische und Kirgisische Republik; Hauptmasse der Pferde in den Kolchosen der Turkmenischen Republik; Gestüt Machmut Kuli bei Aschchabad und Komsomol in der Akhal Tekkiner Oase, sowie Djambulsk, Lugowsk, Alma Ata, Tersk.

Geschichtliches: Bereits zur Zeit Alexanders des Großen berühmt. Marco Polo führt Abstammung auf Bukophalos (Alexanders Pferd) zurück, der jedoch umgekehrt vermutlich turkmenischer Abstammung war. Unter Timur Lenk (1336–1405) Blutauffrischung durch arabische Stuten. Seit vorigem Jahrhundert systematische Verbesserung durch Leistungsprüfungen (Langstreckenrennen) und verbesserte Aufzucht. Geprägt durch jahrtausendelanges Leben in ariden Gebieten Zentralasiens. Heute auch eingesetzt zur Verbesserung anderer Pferdezuchten im Osten der Sowjetunion. Bedeutender Einfluß auf Entstehung verschiedener europäischer Pferdezuchten, wie Englisches Vollblut (Byerley Turc) und Trakehner (Turc Main Atty).

Altér Real

Typ und Verwendung: Edles, hartes, widerstandsfähiges Reitpferd; früher portugiesische Militärremonte, heute vor allem Sportpferd.
Exterieur: Stark dem Andalusier ähnelnd; im ganzen trockener; Farbe meist braun; Größe ca. 145–155 cm Stockmaß.
Mechanik: Leichte, nicht besonders raumgreifende Bewegungen in den drei Grundgangarten, Springanlagen.
Zuchtgebiete, Gestüte: Südportugal, Altér do Châo.
Geschichtliches: Durch Selektion aus dem Andalusier entwickelt mit Hilfe von 300 vom Haus Braganza 1747 aus Spanien importierten Stuten, um in Vila de Portel im Alentejo ein Nationalgestüt zu errichten. Heute Reinzucht und Sportpferde-Produktion mit Hilfe von Englischem Vollblut.

American, Kentucky, Virginia Saddle Horse

<u>Typ und Verwendung:</u> Hochedles, elegantes Reitpferd englischer Abkunft; ehemals Remonte der amerikanischen Kavallerie; ausdauernd, hart, genügsam; lebhaftes Temperament, guter Charakter. Heute Verwendung als sogenanntes „Pleasure Horse" (Freizeitpferd) und hauptsächlich als „Show Horse".
Züchtervereinigung unterscheidet drei Typen: 1. Threegaited Saddle Horse, 2. Fivegaited Saddle Horse, 3. Fine Harness Horse. 1. und 2. werden unter dem Sattel, 3. einspännig vor dem leichten vierrädrigen „Buggy" vorgestellt.
<u>Exterieur:</u> Edler Kopf mit großen, ausdrucksvollen Augen; hochgetragener, gebogener Hals; hohe Schweifhaltung (meist durch operativen Eingriff unterstützt); trockene Gliedmaßen mit kräftigen Sehnen und Gelenken; ziemlich lange Fesselung; kleine, gesunde Hufe; Größe 155–163 cm Stockmaß.
<u>Mechanik:</u> Energische, fördernde Bewegungen; besonders Trabaktion hoch und räumend; „Threegaited" – geschorene Mähne und Schweif, in den drei Grundgangarten geritten; „Fivegaited" – naturbelassene Mähne und Schweif, auch in Slow Gait (paßartig) und Rack (Rennpaß).
<u>Zuchtgebiete, Gestüte:</u> Ursprünglich Kentucky und Virginia, heute in den gesamten USA, Kanada und Mittelamerika verbreitet, vor allem im Osten der USA zahlreiche Zuchten.
<u>Geschichtliches:</u> Entstanden aus Kreuzung von Narragansett Pacern mit kanadischen Stuten unbekannter Herkunft und Abstammung, die die ersten Kolonisten importierten, später Veredlung mit Englischen Vollbluthengsten.

Stammväter der Saddle Horse Zucht Narragansett-Pacer *Tom Hale* (geb. 1806) und Vollblüter *Denmark* (geb. 1839).

American Standard Bred, Trotter und Pacer

Typ und Verwendung: Rennpferd für Trab- bzw. Pacer-Rennen; im Typ des Englischen Vollbluts stehend, jedoch mit einer Reihe ganz spezifischer „Points" durch ausschließliche Selektion nach Rennleistung im Trab; vorzügliche Temperaments- und Charaktereigenschaften; sehr intelligent, eifrig, hart, ausdauernd; gute Zuchtpferdeigenschaften.

Exterieur: Kopf langgestreckt, unedel; Ohren lang; Augen lebhaft, intelligent; Schulter meist steil, doch lang und gutbemuskelt, in rechtem (Traber-)Winkel zum langen Oberarmbein; kurze Röhre; wenig ausgeprägter Widerrist; Rücken oft lang, mit mangelhafter Verbindung zur Hinterhand; Kruppe häufig überbaut (trotting pitch), abfallend, mit langen, kräftig ausgeprägten Sitzbeinmuskeln; Hintergliedmaßen lang, steil, nicht selten kuhhessig gestellt; Sprunggelenke tief sitzend, oft mangelhaft eingeschient, wie auch Vorderfußwurzel; Fesselung steil, lang; hervorragende, wohlgeformte, nicht zu kleine Hufe; Farbe braun, Fuchs, Rappe, aber auch andere, wenig Abzeichen; Größe ca. 152–160 cm Stockmaß.

Mechanik: Hauptgangart Renntrab bzw. Rennpaß; überragende Schulterfreiheit im Trabe; Hinterbeine treten an stützenden Vorderbeinen außen vorbei; einzelner Trabtritt lang, flach, mit schneller Folge; Schwebephase ausgedehnt; Schritt nicht sehr raumgreifend, oft eilig, paßartig. Galopp nicht selten schwankend, schwerfällig.

Zuchtgebiete, Gestüte: Vor allem USA. Bedeutende Gestüte Kentucky: Wallnut Hall Farm/Ponerail, Castleton Farm/Lexington, Calumet Farm, Breezely Farm. California: Palo Alto, Oakwood Stock Farm, Nutwood Stock Farm. Illinois: Hayes Fair Acres Stable/Duquoin. Pennsylvania: Hanover Shoe Farm/Hanover. Nachzuchtgebiete: Kanada und Europa.

Geschichtliches: Erste Impulse für Zucht schnelltrabender Wagenpferde in Amerika durch improvisierte Straßenrennen zwischen 1750 und 1800. Zu Beginn des 19. Jh. reguläre Organisation der Trabrennen und der Traberzucht. Aufstellung von Standard-Leistungsnorm, die zum Namen „Standard Bred" führte. Vereinigt in sich 5 Ausgangsrassen: Engl. Vollblut, Norfolk Trotter (Hackney), Orientalen, Morgan sowie Pacer verschiedener Herkunft (Narragansett Pacer, Canadian Pacer). Davon Engl. Vollblut für Entwicklung ausschlaggebend; übrige Blutlinien heute fast bedeutungslos. Stammvater der Zucht *Hambletonian 10,* war in extremster Weise auf den Engl. Vollbluthengst *Messenger* eingezogen. Bedeutendste bestehende Blutlinien heute: *Peter the Great* und *Axworthy,* beide auf *Hambletonian* zurückgehend; praktisch kein American Standard Bred, in dessen Pedigree er nicht gehäuft vorkommt. Wichtigste Pacerlinien: *Direct-* und *Abbedale*-Linie; doch liefern auch die beiden erstgenannten Linien u. U. Pacer. 1870 Gründung der „National Trotting Association", 1887 der „American Trotting Association", seit 1938 in „United States Trotting Association" zusammengefaßt. Offizielles Stutbuch „Standard Bred Sires and Dams". Ursprünglich auch Rennen unterm Sattel, heute nur noch im Sulky, Zuchtwahl aufgrund härtester Rennprüfungen. Heutige Standardanforderungen über 1 Meile (= 1608 m) für Traber 2:30 Min. und für Pacer 2:25 Min.

Americas, Pony of the (Foto links)

<u>Typ und Verwendung:</u> Mini-Appaloosa, Kinderpony im Typ eines Mini-Quarter Horse; gutmütig, unkompliziert, willig; als Trekking Pony, für Schauen und Turniere geeignet.

<u>Exterieur:</u> Arabisierter Kopf mit breiter Stirn und kurzen Ohren, gut gelagerte Schulter, kurzer Rücken, muskulöse Kruppe, korrekt gestelltes Fundament; Farben: alle Appaloosa-Scheckungen; Größe 115–135 cm.

<u>Mechanik:</u> Vorzügliche freie Grundgangarten, gute Springanlagen.

<u>Zuchtgebiete, Gestüte:</u> USA, ursprünglich Iowa, heute alle Staaten der USA und Kanada. Pony of the Americas Club, Mason City, Iowa.

<u>Geschichtliches:</u> Zucht begründet mit Hengst *Black Hand,* der einer gezielten experimentellen Paarung Shetland Hengst mal Appaloosa Stute durch Leslie Boomhower 1958 in Mason City entstammte. Stammhengst der über den ganzen Kontinent verbreiteten Zucht. Eigenes Stutbuch; inzwischen zweiter Zuchtverein „National Appaloosa Pony Society".

Andalusier (Foto oben)

<u>Typ und Verwendung:</u> Mittelgroßes, gefälliges, leichtes Reitpferd; guter, ehrlicher Charakter, feuriges Temperament; beliebt als Zirkuspferd; in jüngster Zeit mit Englischem oder Anglo-Arabischem Vollblut veredelt als Springpferd verwendet.

<u>Exterieur:</u> Ziemlich runde Formen; elegant, ansprechend; langgestreckter

Kopf, nicht selten mit Ramsnase; großes feuriges Auge; ziemlich tief angesetzte Ohren; schön aufgesetzter Hals; Widerrist niedrig und rund; Kruppe ebenfalls rund mit wenig getragenem, tief angesetztem Schweif; Gliedmaßen leicht im Verhältnis zum Körper; Schimmelfarbe häufig; Mähne und Schweif mit dichtem, seidigem, langem Haar besetzt. Größe 155–161 cm Stockmaß.
Mechanik: Bewegungen erhaben, hoher Kniebug, wenig raumgreifend.
Zuchtgebiete, Gestüte: Spanien; Andalusien, Provinzen Cádiz, Sevilla, Medina Sidonia; Gestüte: Jerez de la Frontera, Córdoba, Badajoz.
Geschichtliches: Geht zurück auf antikes iberisches Pferd. Während der Völkerwanderung zurückgegange Pferdezucht erhielt unter den Mauren neue Impulse durch die Einführung von Berbern und Arabern. Blütezeit des spanischen Pferdes im 16. und 17. Jh. Wurde damals Stammvater aller europäischer Reitpferdezuchten: Lipizzaner, Kladruber, Frederiksborger, Ostfriese, Oldenburger, Holsteiner, Orlowtraber. Stärkster Einfluß bei der Entstehung der amerikanischen Rassen. Criollo, Mustang und Western Horses gehen fast ausschließlich auf Andalusier zurück.

Anglo-Araber

Als Anglo-Araber werden Pferde bezeichnet, die direkter Kreuzung von Arabischem und Englischem Vollblut entstammen bzw. aus Weiterzucht mit Produkten dieser Kreuzung. Mindestanteil an Arabischem Vollbut in verschiedenen Ländern unterschiedlich festgelegt.

Anglo Araber, Französischer (Foto rechts)

Typ und Verwendung: Sehr edles, elegantes Reit- und Sportpferd. Im Typ und Interieur meist gleich stark durch Englisches wie durch Arabisches Element geprägt.
Exterieur: Gefälliges Äußeres; überaus edel, vereinigt in sich Harmonie, Grazie und Schönheit des Arabers mit Rahmen des Englischen Vollblüters; oft etwas leicht und fein; Schimmel häufig, aber auch alle anderen Grundfarben; Größe ca. 162 cm und darunter.
Mechanik: Guter Schritt; langer, flacher Trab; raumgreifender, leichter Galopp; Springanlagen.
Zuchtgebiete, Gestüte: Bedeutendste Zucht in Südwestfrankreich; Gebiete der Basses Pyrénées, Adour-Becken, Médoc, Limousin, Corrèze; Gestüte: Pompadour, Pau, Tarbes, Aurillac, Rodez, Villeneuve-sur-Lot.
Geschichtliches: Bereits zweite Hälfte des 18. Jh. in Frankreich Versuche, Englisches Vollblut und Orientalen zu kreuzen, um so Vorzüge beider Rassen in einem Pferdetyp zu vereinigen. Ab 1806 Import Englischer und Arabischer Vollbluthengste, um Verluste, die französischer Pferdezucht durch Revolution und Kriege Napoleons entstanden waren, auszugleichen. Hauptanteil an Schaffung französischer Anglo-Araberzucht Eugène Gayot (1843–46 Gestütsleiter von Pompadour, ab 1847 Generalinspekteur sämtlicher französischer Staatsgestüte). Wollte eigenes „Französisches Vollblut" schaffen. Ver-

wendete vor allem Mu'niqi-Araber. Stammväter französischer Anglo-Araberzucht die Orientalen *Massoud* und *Aslan,* Stammütter die Englischen Voll-
blutstuten *Delphine, Danae* und *Cloris.* Systematische Zucht prägt bis heute
Pferd des „Midi".

Anglo Araber, Polnischer; Malopolsker (Foto S. 58)

<u>Typ und Verwendung:</u> Edel, elegant, anglo-arabischer Typ; mittelgroß, hoher
arabischer Blutanteil. Entstanden auf bodenständiger Grundlage (entsprach
vermutlich ostpreußischer „Schweike") durch Einkreuzung von arabischem
und anglo-arabischem Blut; hart, gängig, vielseitig verwendbar. Dem alten
polnischen Pferd aus der ersten Hälfte des vorigen Jahrhunderts ähnlich. Neben allgemeiner Landeszucht zwei spezielle Typen: Sadecki-Typ, etwas größer und kompakter als das Gros der Landeszucht (Einfluß von Furioso-Northstar), und Dabrowsko-Tarnowski-Typ, edler und leichter (Gidran-Einfluß).
<u>Exterieur:</u> Insgesamt trockener, harter Eindruck; schönes Gesicht; edel, ver-
einigt in sich Exterieurmerkmale des alten polnischen Landschlages mit denen des Arabers und Anglo-Arabers; meist korrekt, leicht, mittelgroß; trockene Sehnen und Gelenke; kleine, schmale, harte Hufe. Farbe braun, aber auch
Schimmel und andere Farben; Größe ca. 160 cm Stockmaß.
<u>Mechanik:</u> Schwung und Raumgriff in den Grundgangarten; vorzügliche
Galoppade; gute Springanlagen.

Zuchtgebiete, Gestüte: Heutiges Zentral- und Südostpolen; Hauptgestüte Walewice, Stubno (Furioso-Northstar), Chystow (Gidran), Pruchna (Französische Anglo-Araber), daneben bäuerliche Landeszucht.

Geschichtliches: Polen züchtet seit Ende des 16. Jh. mit arabischem Blut. Anglo-arabische Zucht vor 1850 von Graf Branicki in Bialocerkiew bei Kiew (heute russisch) begründet. Von den zahlreichen privaten und staatlichen Gestüten anglo-arabischer Zuchtrichtung starke Ausstrahlung auf die Landespferdezucht. Viele gute Sportpferde, vor allem für Military und Springen.

Anglo Araber, Sardischer (ohne Foto)

Typ und Verwendung: Anglo-arabischer Reitpferdtyp; Verwendung vor allem für Anglo-Araber-Rennen auf der Rennbahn Sassari (Nordsardinien) und als Reit- und Sportpferd mit dem Schwerpunkt Springen; edel, großlinig, hart, schnell, wendig.

Exterieur: Trockener, edler, arabisierter Kopf; gutangesetzter und getragener Hals; deutlich markierter Widerrist; muskulöse Kruppe; harte, trockene Gliedmaßen; Farbe meist braun, weiße Abzeichen häufig; Größe bis 165 cm Stockmaß.

Mechanik: Vorzügliche Grundgangarten, vor allem hervorragendes Galoppier- und Springvermögen.

Zuchtgebiete, Gestüte: Italien; Sardinien, Scuderia de Nora bei Pula, Scuderia de Sissini u.a. Privatgestüte; Staatliches Hengstdepot Chilivani; Zuchtverband „Istituto Incremento Ippico della Sardegna".

Geschichtliches: Anglo-arabische Zucht auf Sardinien im vorigen Jahrhundert mit staatlicher Unterstützung begründet. Staat versorgt Züchter durch sein Hengstdepot Chilivani mit geeigneten Beschälern. Herausragendes Privatgestüt ist „Scuderia" bzw. „Alevamento de Nora", nahe punisch-römischer Ausgrabungsstätte Nora, im Besitz der erfolgreichen Turnierreiterin Donna Musio Scanno.

Anglo Araber, Spanischer

Typ und Verwendung: Anglo-arabischer Typ; edles, elegantes Reitpferd; früher vor allem Kavallerieremonte; heute Sportpferd für Gelände, Jagden, Springen und Stierkampf zu Pferde.
Exterieur: Elegant, leicht, stark vom Englischen Vollblut beeinflußt; Farben meist braun, Fuchs, Schimmel; Größe ca. 163 cm Stockmaß, teils darunter.
Mechanik: Leichte, flache Bewegungen in allen drei Gangarten; Springanlagen.
Zuchtgebiete, Gestüte: Spanien; Provinzen Andalusien und Estremadura.
Geschichtliches: Entstanden im vorigen Jahrhundert im Bestreben, gängige, harte, genügend große Kavallerieremonten zu schaffen. Hervorgegangen aus Kreuzung andalusisch-arabischblütiger Stuten mit Englischen Vollbluthengsten und Weiterzucht mit daraus entstandenen Produkten sowie Rückpaarung mit Englischem Vollblut und arabischblütigen Hengsten.

Araber

Als *Original Araber* (Abkürzung or. ar., Foto oben) bezeichnet man Arabische Vollblutpferde, die im Orient, meist Ägypten, seltener Saudi-Arabien, Yemen, Bahrein etc. geboren sind.

Vollblut Araber (Foto rechts) sind Pferde, die ihre Abstammung lückenlos auf aus dem Orient importierte Original Araber zurückführen können, jedoch außerhalb des Vorderen Orients geboren sind.

Typ und Verwendung: Wohl edelste Pferderasse überhaupt; elegantes Reit- und Kutschpferd, Rennpferd; an Schönheit, Harmonie, Adel, Stahl, Ausdauer, vorzüglicher Konstitution, zugleich auch Intelligenz wohl von keiner anderen Rasse übertroffen. Aufgrund seiner überragenden Zuchtkonstanz zur Veredelung fast aller Warm- und Kaltblutrassen verwendet. Maßgeblich beteiligt an der Entstehung des Englischen Vollblutes. Drei von Raswan als Biotypen bezeichnete Hauptstämme Kuhaylan, Saqlawi und Mu'niqi und zahlreiche Unterstämme.

Exterieur: Im Quadratformat stehend, außerordentlich trockene Konstitution; leichter, eckiger, gemeißelter Kopf mit breiter Stirn; gespitzte Ohren, berühren sich an den oberen Enden fast; etwas vorstehende, große, feurige Augen; am Nasenbein ziemlich starke Einsenkung (Araberknick), welche von Natur aus sehr große Nüstern noch größer erscheinen läßt; gebogener, feiner, graziöser Hals; relativ breite Brust; kurze, gerade Kruppe mit hohem Schweifansatz; oft schiefe Schweifhaltung; sehnige, trockene, nicht immer korrekt gestellte Beine mit oft schwachen, geschnürten Gelenken; lange Fesselung; kleine, enge, steile, harte Hufe mit hohen Trachten; Mähnen- und

Schweifhaar außerordentlich fein; Farben meist Braun oder Fuchs, Schimmel häufig; kaum Rappen; oft weiße Abzeichen an Kopf und Gliedmaßen; keine Scheckung; Größe unter 150 cm Stockmaß.

Mechanik: Bewegungen harmonisch, elastisch, geschmeidig, nicht sehr raumgreifend; oft mangelhafter Schritt, Trab vielfach mit etwas Knieaktion, leichter Galopp.

Zuchtgebiete, Gestüte: Ursprünglich Arabien, das Hochland des Nedjd. Heute in der ganzen Welt. Bedeutende Zuchten in Polen, Gestüt Janow Podlaski; England, Gestüt Crabbet Park; Ungarn, Gestüt Bábolna; Deutschland, Gestüt Marbach; UdSSR, Gestüt Tersk; ČSR, Gestüt Topolcianky und Radautz; USA, Gestüt Pomona; Frankreich, Gestüt Pompadour; Türkei, Gestüt Karadjabey; Spanien, Gestüt Jerez de la Frontera. Wichtigstes aller Araber-Gestüte der Welt: El Zaraah bei Kairo, Ägypten.

Geschichtliches: Geht vermutlich zurück auf Züchtungen des Babylonischen Reiches und Ägyptens zur Pharaonenzeit, später von den nomadisierenden Beduinen in den Niedergangszeiten der alten Kulturen nach dem Zusammenbruch des Römischen Reiches übernommen und weitergezüchtet. Der Sage nach sind alle reinblütigen Araber in ihrem Stammbaum auf die sieben Stuten des Propheten zurückzuführen. Heute sind kaum noch arabische Pferde guter Qualität auf dem Nedjd anzutreffen. Beste Araber in El Zaraah bei Kairo. Im Laufe der Geschichte wurde das arabische Vollblut unmittelbar oder mittelbar Stammvater aller warmblütigen Pferderassen der Welt. Stammväter des Englischen Vollbluts: *Byerly Turk, Darley Arabian, Godolphin Arabian* oder *Barb;* große Anzahl orientalischer Stuten im ersten Band des General Stud Book. Stammväter der deutschen Araberzucht (Weil-Marbach): 1817 von König Wilhelm I. von Württemberg importierte Original Araber *Bairactar* und *Tajar.*

Shagya Araber

Als Shagya Araber (Foto oben) werden im arabischen Typ stehende Pferde bezeichnet, deren Abstammung nicht lückenlos auf Original Araber zurückzuführen ist.

Typ und Verwendung: Kalibriger Araber im Typ der leichten Kavallerieremonte; vielseitig verwendbares Reit- und Wagenpferd (Jucker).

Exterieur: Dem Araber nahe, jedoch aufgrund sorgfältiger Selektion und besserer Fütterung meist größer, stärker und korrekter. Farbe fast ausschließlich Schimmel; Größe ca. 155–162 cm Stockmaß.

Mechanik: Korrekte, raumgreifende Bewegungen in allen Grundgangarten, gute Springanlagen.

Zuchtgebiete, Gestüte: In allen Nachfolgestaaten der Österreich-Ungarischen Donaumonarchie; Ungarn, Gestüte Bábolna, Mezöhegyes; Tschechoslowakei, Gestüte Napajedla und Topolcianky; Polen, Gestüte Janow Podlaski, Albigowa und Nowy Dwór; UdSSR, Gestüt Tersk etc.

Geschichtliches: Entstanden im 19. Jh. aus der Paarung weniger Araberstuten und vorwiegend orientalisierter Landstuten Ungarns mit Original Araber Hengsten. Allmähliche arabische Verdrängungszucht, dabei auf Größe, Kaliber und Korrektheit selektiert. Großenteils gehen Shagyas auf Original Araber Honigschimmelhengst *Shagya* zurück (1836 aus Syrien nach Bábolna importiert), ihm verdankt die Zucht ihren Namen.

Ebenfalls bedeutender Gründerhengst 1885 importierter Rapphengst *O'Bajan,* der 112 Deckhengste lieferte. Andere Linienbegründer: *Siglavi, Koheilan, Mersuch, Dahoman, Gazal* und *Jussuf.* Nach Auflösung der Österreichisch-Ungarischen Donaumonarchie verbreitete sich die Zucht über alle Nachfolgestaaten und übrigen Länder Südost- und Osteuropas. In jüngster Zeit im Staatsgestüt Mezöhegyes Einkreuzung von Holsteiner Blut über Ramzes-Sohn *Ramzes Junior,* um der Rasse mehr Kaliber, Stärke, Größe und vor allem Springvermögen zu verleihen.

Ardenner

Typ und Verwendung: Mittelschweres, patentes, arbeitsfreudiges Kaltblutpferd; harte, gesunde Konstitution; absolut zugfest; energisches Temperament und überaus frommer Charakter; oft viel Adel.

Exterieur: Viereckiger, ausdrucksvoller Kopf; breiter, muskulöser Hals; runder, geräumiger Rumpf; mächtige, gepackte Schulter; kurzer, kräftiger Rükken; ausreichende Gurttiefe; oft abschüssige, kurze Kruppe; stark bemuskelte Oberarme und Hosen; kurze, kräftige Gliedmaßen mit kräftigen Gelenken; Farben: Braun- und Rotschimmel vorherrschend; Größe 150–155 cm Stockmaß.

Mechanik: Energische Bewegungen in Schritt und Trab; im Trab nicht selten brillante, räumende Aktion.

Zuchtgebiete, Gestüte: Belgische und französische Ardennen, Luxemburg. Bedeutendes Nachzuchtgebiet Südwest- und Mittelschweden.

Geschichtliches: Bereits zu Cäsars Zeiten bekannt und hochgeschätzt. Zur Zeit der Kreuzzüge Einkreuzung von arabischem Blut; in neuer Zeit wiederholt. In jüngerer Zeit in verschiedene andere Kaltblutrassen zur Blutauffrischung eingekreuzt. In Frankreich heute Selektion auf Größe und Schwere, schwedischer Ardenner nach wie vor im ursprünglichen, drahtigeren Typ. Heute hauptsächlich Schlachtfohlenproduktion.

Australischer Pony

Typ und Verwendung: Kompakter, starker Welshcobtyp; hauptsächlich als Kinderreitpony verwendet; hart, gesund; gutmütig, doch energisch und kernig.

Exterieur: Arabisch beeinflußtes Gesicht mit großen Augen und kurzen Ohren, gut angesetzter, langer Hals, kurzer Rücken, abschüssige, gerundete Kruppe mit tiefangesetztem Schweif, stabile Gliedmaßen; meist Schimmel, aber auch andere Farben häufig, keine Scheckung; Größe 122–142 cm Stockmaß.

Mechanik: Leichte, freie Bewegungen in allen Gangarten, Springanlagen.

Zuchtgebiete, Gestüte: Australien; Queensland, New South Wales, Victoria; Zucht ausschließlich in der Hand von Einzelzüchtern.

Geschichtliches: Entstanden auf der Grundlage importierter britischer Heide- und Moorponys, hauptsächlich des Welsh Mountain Ponys; die Anteile anderer Ponyrassen bei der Begründung der Zucht waren verschwindend gering; größeren Einfluß hatten dagegen das Arabische und das Englische Vollblut; die Zucht ist auf Australien beschränkt und außerhalb des Kontinents unbekannt.

Avelligneser

Typ und Verwendung: Dem auf den gleichen Ursprung zurückgehenden edleren, leichteren Haflinger typmäßig ähnlich, jedoch dem Kaltblut näher stehend; gängiges, energisches Bergpferd, zäh und langlebig; Verwendung vor allem als Packpferd und in der Landwirtschaft.

Exterieur: Dem Haflinger ähnlich, etwas größer, gröber und weniger edel; Farbe meist Fuchs mit heller Mähne und Schweif oder Rotfuchs; Größe ca. 140–150 cm Stockmaß.

Mechanik: S. Haflinger.

Zuchtgebiete, Gestüte: Italien; alle Gebirgsregionen des italienischsprachigen nördlichen sowie mittleren und südlichen Italiens; weitgehend bäuerliche Zucht.

Geschichtliches: Der Name soll auf die alte römische Provinz Avellinum am Rand des Apennin in der Campagna zurückgehen. Entstehungsgeschichte weitgehend identisch mit der des Haflingers; seit der Annexion Südtirols nach dem Zusammenbruch der k. u. k. Donaumonarchie Verbreitung der Rasse über ganz Italien, wobei der Typ, verglichen mit dem in Deutschland und Österreich gezüchteten Haflinger, etwas verlorenging. Heute strenger Standard bei der jährlichen Zentralkörung in Verona.

Basuto Pony (ohne Foto)

Typ und Verwendung: Reitpony der Basuto; bekannt für Trittsicherheit im Gebirge, Härte, Genügsamkeit, ungemein robuste Konstitution; von wenig ansprechendem Äußeren, jedoch sehr gut in Temperament und Charakter. Gute Polopony.

Exterieur: Mittelgroßer Pony im orientalischen Typus mit allen möglichen Gebäudefehlern, wie verstellten Gliedmaßen, mangelnder Tiefe und fehlender Rippenwölbung, schlecht eingeschienten Gelenken etc.; Größe ca. 135–140 cm Stockmaß.

Mechanik: Fast nur im Schritt, im ruhigen Kanter und im Triple mit hingegebenen Zügeln geritten.

Zuchtgebiete, Gestüte: Südafrika, Basutoland.

Geschichtliches: Auf der Basis der seit 1653 im Gebiet der Tafelbay aus Importen aus Java, Persien, Indien und Südamerika hervorgegangenen Kaprasse entstanden, zumeist aus Pferden, die den Stämmen der Basuto im Verlauf der Buschkriege in die Hände fielen oder durch Handel und Tausch in ihren Besitz gelangten. Im Gebiet des Basutolandes seit 1822 gezüchtet, wobei vor allem arabisches Blut eine wesentliche Rolle gespielt hat. Im Verlauf des Burenkrieges und durch verheerende Naturkatastrophen 1902 fast ganzer Bestand vernichtet. Durch Einkreuzung orientalischen und Englischen Vollblutes ursprüngliche Resistenz gegen Tsetsefliege verlorengegangen; heutige Basutos haben blutmäßig kaum noch mit der Ursprungsrasse zu tun.

Bayerisches Warmblut (Foto rechts)

Typ und Verwendung: Vielseitig verwendbares Warmblutpferd im Typ des „Deutschen Reitpferdes"; weitgehend vom modernen Hannoveraner (und Westfalen) beeinflußt.

Exterieur: s. Hannoveraner. Farbe meist braun oder Fuchs.

Mechanik: s. Hannoveraner.

Zuchtgebiete, Gestüte: Bayern; früher hauptsächlich Rottal und Isartal (bei Lenggries), heute ganz Bayern; Stammgestüt Schwaiganger, Landgestüt Landshut. Verband Bayerischer Pferdezüchter e.V., München.

Geschichtliches: Pferdezucht in Bayern vor allem im Gebiet des Rottales bereits im 11. Jahrhundert, zur Zeit der Kreuzzüge schriftlich erwähnt. Sogenannte Rottaler Füchse galten als besonders brauchbare Reitpferde. Sollen Nachkommen von in den Jahrhunderten der römischen Besetzung eingeführten sowie von den Hunnen bei ihrer Niederlage im Rottal zurückgelassenen warmblütigen Kriegspferden gewesen sein. Erste planmäßige Zucht im 16. Jahrhundert in den Klostergestüten Griesbach und Ansbach. 18. Jahrhundert starker Einfluß des zu Bayern gehörenden Pfälzer Gestüts Zweibrücken. Beginn 19. Jahrhundert Import von Cleveland-Bay-Hengsten. Ab 1880 Verstärkung im Rottal vor allem mit Oldenburgern. Parallel dazu Einführung von Ostfriesen ins oberbayerische Isartal; führte zur Entstehung des „Lenggriesers". 1906 in Pocking Gründung des „Rottaler Warmblutvereins", Körzwang für Stuten, Auflegung eines Gestütbuchs, Brandzwang. Nach II. Weltkrieg

Zuchtziel-Umstellung auf vielseitig verwendbares Reitpferd mit Hilfe von vor allem hannoversch/westfälischen und Trakehner sowie einzelnen Holsteiner und Englischen Vollbluthengsten. Mit Rückgang der Kaltblutzucht Ausbreitung des Warmbluts über ganz Bayern.

Berber (Foto S. 68)

Typ und Verwendung: Ausdauerndes, hartes, anspruchsloses, leichtes, elegantes Reitpferd; hoch im Blut; ehemals Kavalleriepferd der Spahis; feuriges Temperament, zuverlässiger Charakter.

Exterieur: Langgestreckter, trockener Ramskopf; starke Ganaschen; langer, schön getragener Hals; hoher Widerrist; kurzer Rücken; kräftige, gewölbte Nierenpartie; spitze, schmale, stark abfallende Kruppe mit niedrig angesetztem, wenig getragenem Schweif; steile Schulter; kurze Unterarme; trockene Beine mit deutlich markierten Gelenken und Sehnen; kleine, harte Hufe; Schimmelfarbe häufig; Größe meist nicht über 145 cm Stockmaß.

Mechanik: Ziemlich kurzer Schritt; recht befriedigender Trab mit etwas Knieaktion; leichter, nicht sehr raumgreifender Galopp; Springvermögen.

Zuchtgebiete, Gestüte: Nordafrika; Algier: Gestüte Oran und Constantine; Tunis: Gestüt Sidi Tabet.

Geschichtliches: Ursprung in der alten numidischen Rasse. Seit arabischer Völkerwanderung ständiger Einstrom Arabischen Vollbluts nach Nordafrika;

nähert sich so unaufhaltsam dem arabischen Typus. Unmittelbar einer der Stammväter des Englischen Vollbluts (*Godolphin Barb*) und mittelbar über Andalusier des Lipizzaners und der meisten anderen europäischen Warmblutzuchten. Nach Eroberung Algiers durch Franzosen 1852 Gestütswesen unter militärischer Leitung organisiert; von Regierungen der Nachfolgeländer nach dem Ende der französischen Kolonialherrschaft mehr oder weniger unverändert übernommen.

Bitjug, Woronesch Pferd (ohne Foto)

Typ und Verwendung: Mittelschweres Wagenpferd auf der Grenze zwischen Warm- und Kaltblut; gelehrig, fromm, ausdauernd, energisch; für alle Arbeiten in Wirtschaft und Landwirtschaft geeignet.

Exterieur: Harmonisch und ansprechend; Kopf relativ edel; Hals kräftig, lang mit üppiger Mähne; langer Rücken; gutentwickelte, lange Kruppe; Vordergliedmaßen mit oft ausdruckslosen Vorderfußwurzelgelenken; Hintergliedmaßen häufig kuhhessig, säbelbeinig; kurze Fesselung; große flache Hufe; durchschnittliche Größe: Hengste 160 cm, Stuten 152 cm Stockmaß.

Mechanik: Energische Bewegungen; langer Schritt; bodendeckender Trab.

Zuchtgebiete, Gestüte: Kollektivwirtschaften im Raum von Woronesch an der Bitjuga.

Geschichtliches: Entstehung des heutigen Woronesch Pferdes reicht in die Zeit Peters des Großen zurück; auf dessen Anordnung Einführung holländischer Hengste in das Gouvernement Woronesch und Paarung mit Stuten des heimischen Landschlages. Später größerer Einfluß durch Orlow-Traber-Gestüt Chrenowoje. Niedergang der Zucht Ende 19. Jahrhundert durch Einkreuzung von schwerem westeuropäischem Kaltblut. In den dreißiger Jahren unseres Jahrhunderts systematische Wiederherstellung des alten Typs mit Hilfe von ausgewählten, starken Orlow-Hengsten.

Bosniak

Typ und Verwendung: Wichtigste Pferderasse Jugoslawiens; idealer, trittsicherer Säumer; große Ausdauer und Härte, ausgezeichnetes Temperament und Charakter; große Leistungsfähigkeit und Leistungsbereitschaft.
Exterieur: Edler, an arabischen Einschlag erinnernder Kopf mit kleinen Ohren; dicker Hals; niedriger Widerrist; kurzer, starker Rücken, muskulöse Nierenpartie; abgeschlagene Kruppe mit tiefangesetztem Schweif; muskulöse, steile Schulter; tiefe Brust; gute Rippenwölbung; oft leichtes, fehlerhaftes Fundament; kleine, gut geformte, eisenharte Hufe; Farbe braun oder Schimmel; Größe 130–140 cm Stockmaß, selten kleiner.
Mechanik: Sehr trittsicher im Schritt und Trab; Galoppier-, Springvermögen.
Zuchtgebiete, Gestüte: Jugoslawien; bosnische Gebirgsgegenden um Ragotnica; Staatsgestüte Borike und Han Pijesak (Militärgestüt), außerdem Gestüte bei Mostar und Livno.
Geschichtliches: Unter türkischer Besatzung und k. u. k. Donaumonarchie mit Araber veredelt, um ihm gefälligeres Äußeres und mehr Widerristhöhe zu verleihen. Seit 1933 Reinzucht und Selektion auf massivere Exemplare. Hengste *Misko, Barut* und *Ajan* konnten eigene Linien begründen.

Boulonnais

Typ und Verwendung: Starkes, ausdauerndes, gängiges, kaltblütiges Arbeitspferd; energisches, aktives Temperament; frommer, gutartiger Charakter; robuste Konstitution. Mittelgroßer Abbeville-Typ und großer, schwererer Dünkirchener Typ.

Exterieur: Ungewöhnlich kleiner, edler Kopf mit breiter Stirn; lebhaftes, großes Auge; offene, große Nüstern; starker, breiter Hals mit schön gewölbter Oberlinie; hoher Widerrist von mächtiger Muskulatur fast völlig verdeckt; Schulter ziemlich steil und kurz; Ober- und Unterarm in günstigem Verhältnis zueinander; Brust breit und tief; Nierenpartie breit, kurz, muskulös; breite, gespaltene Kruppe; kräftig bemuskelte Hosen; Gelenke breit und trocken; gut geformte, starke Hufe; Schimmelfarbe vorherrschend; Größe bis 170 cm Stockmaß; Gewicht bis 900 kg.

Mechanik: Lebhafte energische Aktion im Trab und Schritt.

Zuchtgebiete, Gestüte: Frankreich; Boulogne, Vimeux (Somme), Pas de Calais, Pays de Caux, Marquanterre, Oise, Seine Maritime, Picardie; Flandern. „Syndicat Hippique Boulonnais".

Geschichtliches: Arabisch geprägtes Erscheinungsbild durch wiederholte Einkreuzung orientalischen Blutes seit Zeiten der Kreuzfahrer bis zuletzt Ende 19. Jahrhundert; seither rassetypische Schimmelfarbe (bis dahin dominierten Braune und Rappen). Bedeutender Einfluß auf andere Kaltblutzuchten, z.B. Schleswiger (Hengst *Faust Boulonnais*). Heutige·Zucht dient fast ausschließlich der Schlachtfohlenproduktion.

Brabanter, Belgier

Typ und Verwendung: Gewaltiges, starkes, gängiges, kaltblütiges Arbeitspferd von energischem Temperament und frommem Charakter.

Exterieur: Gut proportionierter, aber nicht schöner Kopf; kurzer, schwerer Hals mit Doppelmähne; niedriger, fetter Widerrist; tiefe, breite Brust; breiter, kurzer, meist eingesattelter Rücken; mächtige, muskulöse Nierenpartie; ausladende, lange, leicht gespaltene, abschüssige Kruppe; kurze, muskulöse Extremitäten mit manchmal etwas schwammigen Gelenken und Sehnen; große, platte Hufe. Braunschimmel vorherrschend, jedoch auch Rappschimmel. Größe 165–175 cm Stockmaß.

Mechanik: Energische, gelegentlich nicht ganz regelmäßige Aktion im Schritt und Trab.

Zuchtgebiete, Gestüte: Belgien, beşonders Marschgebiet Brabants; Zucht ganz in bäuerlicher Hand. Nachzuchten auf der ganzen Welt. In Deutschland vor allem im Rheinland.

Geschichtliches: Bodenständige Rasse; seit Jahrhunderten starke Ausstrahlung auf andere Zuchten, z.B. auf Shire- und Clydesdale-Zucht im frühen Mittelalter und im 16./17. Jahrhundert. Etwa um 1870 Konsolidierung der Rasse in heutiger Form. Drei Stämme: Gros de la Dendre-Linie, begründet mit *Orange I;* Gris du Hainault-Linie, begründet mit *Bayard;* Colosses de la Mehaique-Linie, begründet mit *Jean I.* Blütezeit der Zucht um 1900. Heute stark zurückgegangen. Schlachtfohlenproduktion.

Brandenburger

Typ und Verwendung: Kräftiges, edles Warmblutpferd, in Typ und Kaliber zwischen Ostpreuße und Hannoveraner, heute fast ausschließlich Verwendung als Reit- und Sportpferd.

Exterieur: Entspricht weitgehend dem modernen Hannoveraner.

Mechanik: s. Hannoveraner.

Zuchtgebiete, Gestüte: DDR; Bezirk Potsdam (ehemalige Mark Brandenburg, Altmark etc.), Haupt- und Landgestüt Neustadt a. d. Dosse.

Geschichtliches: Basiert ursprünglich auf bodenständigem märkischem Pferd, das durch Einfluß des Haupt- und Landgestüts Neustadt (ehemals „Friedrich-Wilhelm"-Gestüt), gegründet 1787, hinsichtlich Zufuhr orientalischen und nach 1845 vor allem Trakehner und ostpreußischen Blutes Prägung erfuhr. Bedeutender Einfluß durch Neustädter Hauptbeschäler *Turcmainatti* (war vermutlich Akhal Tekkiner, nicht, wie oft behauptet, Araber). Nach 1840 in Brandenburg eingesetzte Oldenburger und Kaltblüter als Reaktion auf zu edel gewordene Landgestütshengste bewährten sich nicht, gut hingegen bis 1944 erfolgte regelmäßige Verwendung Original Hannoveraner Hengste. Nach II. Weltkrieg Wiederaufbau der fast völlig ausgerotteten Zucht mit Hilfe hannoverschen und ostpreußischen Blutes, kaum bodenständige Stämme erhalten. Dem Einfluß der Scholle entsprechend leichter als Mecklenburger. Heute bei den Hengsten Dominanz der hannoverschen A- und F-Linie. Seit Anfang der sechziger Jahre zusammen mit dem Mecklenburger im Edlen Warmblut der DDR vereinigt.

Bretone

Typ und Verwendung: Mittelschweres, kaltblütiges Arbeitspferd, energisch und ausdauernd; stark, hart, genügsam. Drei Typen:
1. Schweres bretonisches Pferd der Küstenniederungen.
Exterieur: Häufig schwerer Schweinskopf; starke Ganaschen; dicker, breiter Hals mit Doppelmähne; gepackte, steile Schulter; tiefe, breite Brust; gute Rippenwölbung; Nierengegend kräftig, kurz, breit; muskulöse, kurze, breite, gespaltene, abschüssige Kruppe; tief angesetzter, buschiger Schweif; starke, kurze Gliedmaßen mit kräftigen Gelenken; Behang; Fesseln kurz und stark; Hufe groß und flach; vorherrschende Farben: geäpfelte Braune und Schimmel; Größe ca. 157–167 cm Stockmaß.
2. „Postier", leichteres Pferd, im Inneren der Bretagne gezüchtet; wenig Behang. Für alle landwirtschaftlichen Zwecke geeignet. Stark, hart, gängig. Größe ca. 152–162 cm Stockmaß.
3. „Berg"-Bretone, kleiner, gepackter Typ; in der Montagne, dem gebirgigen Teil der Bretagne gezüchtet; Größe ca. 150 cm Stockmaß.
Mechanik: Alle drei Typen kurze, aber lebhafte, energische Bewegungen im Schritt und Trab; relativ hohe Trabaktion.
Zuchtgebiete, Gestüte: Frankreich, Bretagne; Gebiete von Le Conquet und Côtes du Nord, Kreuzungszucht mit Anglo-Arabischem Vollblut.
Geschichtliches: Bodenständig, bereits zur Zeit der Kreuzzüge Veredlung mit orientalischem Blut; Zucht-Blüte zur Zeit Ludwigs XIV. Nach den Napoleonischen Kriegen Einkreuzung von Norfolk-Trottern. Später Einfluß von Boulonnais. Versuche der Umstellung der Zucht auf ein vielseitiges, marktgängiges Reitpferd mit Hilfe anglo-arabischen Vollbluts wenig erfolgreich.

Budjonny Pferd

<u>Typ und Verwendung:</u> Ausgesprochen edles Reit- und Sportpferd für Military, Steeplechase, Springen, Dressur; jedoch auch für Wirtschaft und landwirtschaftliche Zwecke; gute Springanlagen; kräftige trockene Konstitution; energisches Temperament; sehr fruchtbar, langlebig; zur Herdenhaltung geeignet. Erfolgreich verwendet zur Veredelung verschiedener Lokalrassen (Kasachen-, Kirgisen-, Donpferde u. a.).

<u>Exterieur:</u> Trockener, mittelgroßer Kopf mit geradem oder leicht eingebogenem Profil; ausdrucksvolle Augen; weitgestellte Ganaschen; langer, hochangesetzter, häufig gebogener Hals; mittlerer bis hoher, langer Widerrist; breite, tiefe Brust, schräge Schulter; kurzer, breiter Rücken; breite, muskulöse, mittellange Nierenpartie; meist lange, leicht abfallende, breite Kruppe; lange, gewölbte Rippen; trockene Gliedmaßen mit wohlmarkierten, kräftigen Gelenken (häufig etwas scharf abgesetztes Vorderfußwurzelgelenk, steile Stellung der Hinterhand); klar gezeichnete Sehnen; mittellange, kräftige Fesselung; regelmäßige Hufe aus solidem Horn, manchmal Neigung zu Bockhuf; häufigste Farbe Fuchs, oft mit goldenem Schimmer, doch auch graubraun, dunkelbraun und Rappe; keine Schimmel; durchschnittliche Größe: Hengste 161, Stuten 157 cm Stockmaß.

<u>Mechanik:</u> Fördernde, regelmäßige Bewegungen in allen drei Gangarten; ausgezeichnetes Galoppier- und Springvermögen.

<u>Zuchtgebiete, Gestüte:</u> Elite der Zucht im Hochzuchtgebiet um Rostow am

Don konzentriert (Gestüte „Budjonny" und „Erste Reiterarmee"); ganzjährige Herdenhaltung unter freiem Himmel; als Veredler besonders im Süden der UdSSR verwendet (Ukrainische Republik, Gestüte Simownikowskoje und Julowskoje, Kasachische und Kirgisische Republik, Gebiet von Issyk Kul).

Geschichtliches: Nach der Revolution in den zwanziger und dreißiger Jahren unter Leitung Marschall Budjonnys aus Kreuzung von Donpferd und Englischem Vollblut entwickelt. Konsolidierung der Zucht 1948 abgeschlossen. Vereinigt Vorzüge des Donpferdes (Eignung zu Herdenhaltung, Anspruchslosigkeit, hervorragende Lebenskraft, starke Konstitution) mit denen des Englischen Vollbluts (günstige Winklung der Gelenke, vorzügliche Mechanik, große Schnelligkeit und Ausdauer). Keine enge Verwandtschaftszucht zur Homogenisierung, sondern strenge Selektion nach angestrebten Exterieur-, Typ- und Leistungseigenschaften. Prüfung des Gestütsnachwuchses auf der Rennbahn. Aus der Masse von 80 verwendeten Vollbluthengsten nur 4 von Bedeutung für die Entstehung der Budjonnyrasse: *Simpatjag, Swetz, Inferno* und *Kogat.* Heute gehen 7 männliche Linien auf diese Hengste zurück: Sledopyt, Sagib, Sarkagon, Sagar, Swetz-Solist, Kagul und Islam.

Burenpferd, Kap-Pferd (ohne Foto)

Typ und Verwendung: Edle Halbblutzucht Südafrikas; im englischen Halbbluttyp stehendes, robustes, ausdauerndes Jagdpferd, sehr geländesicher, gutes Springvermögen.

Exterieur: Elegant, muskulös, edles Gesicht; mächtige Schulter, kurzer Rücken, breite, lange Kruppe; günstig angesetzter Hals, harte, solide Gliedmaßen und Hufe, alle Farben außer Schecken; wenig weiße Abzeichen; selten über 152 cm Stockmaß.

Mechanik: Ausgezeichneter, leichter Trab, bedeutendes Galoppier- und Springvermögen, hervorragende Balance; neben normalen Grundgangarten auch „Triple" (Paß oder Tölt).

Zuchtgebiete, Gestüte: Südafrikanische Union; Zucht ausschließlich in der Hand der Farmer.

Geschichtliches: Entstanden als Gebrauchsrasse aus Importen von Halbblut, Vollblut, Araber und javanischen Eingeborenenponys durch Niederländische Ostindische Kompanie bis etwa 1830. Verbürgte Nachrichten besagen, daß 1689 persische und libysche Hengste importiert wurden. 1778 brachte ein spanisches Schiff andalusische Pferde, 1782 erste Einfuhren aus England und Nordamerika. 1807 Erbeutung zweier französischer Schiffe mit ausgesuchtem Zuchtmaterial. Nach 1830 Einkreuzung großrahmiger, im Huntertyp stehender Vollblüter. Das Burenpferd wurde bald nach seiner Entstehung auf der ganzen Welt berühmt und begehrt. Bereits ab 1810 Exporte nach Australien. Im 19. Jahrhundert kaufte die Britische Armee Pferde zu Tausenden für ihre indischen Truppen und den Krimkrieg (1853–1856). Im I. Weltkrieg Einsatz von Burenpferden vor allem im Nahen Osten. 1942 Einrichtung eines Gestütbuches. 1952 Einigung der Züchter auf den Namen Burenpferd.

Camargue Pferd, Crin Blanc

<u>Typ und Verwendung</u>: Primitiver, halbwilder, relativ großer Pony; beliebt als hartes, ausdauerndes, genügsames Reitpferd der Gardians (berittene Rinderhirten des Languedoc); von feurigem Temperament und gutmütigem Charakter.

<u>Exterieur</u>: Ziemlich schwerer, im allgemeinen ramsnasiger Kopf mit kurzen Ohren und großen, ausdrucksvollen Augen; Hals meist gerade oder Hirschhals; breite, flache Brust; langer, wenig ausgeprägter Widerrist; kräftiger, muskulöser Rücken; stabile Nierenpartie; kurze, schmale Kruppe; lange Unterarme und Unterschenkel; trockene Gliedmaßen mit soliden Gelenken; starke Hufe; guter Schweifansatz, üppiges Mähnen- und Schweifhaar, Neigung zu Geißbartbildung; im allgemeinen Schimmel, Füchse selten; Größe 135–145 cm Stockmaß.

<u>Mechanik:</u> Nicht sehr schnell, doch ungemein ausdauernd in allen drei Gangarten.

<u>Zuchtgebiete, Gestüte:</u> Südfrankreich; Camargue, Rhône-Delta, Pays d'Arles (seit 1928 Naturschutzgebiet; seit 1971 nationales Naturreservat); Haltung in halbwilden Herden („Manades") von 40 bis 50 Stück.

<u>Geschichtliches:</u> Dürfte aufgrund eingehender Forschungen von dem prähistorischen Solutré-Pferd abstammen. Im Laufe der Zeit wird jedoch häufige Einkreuzung von iberischem, berberischem und orientalischem Blut stattgefunden haben.

Cleveland Bay

Typ und Verwendung: Mittelschweres, kräftiges, zu jeder Arbeit taugliches, gängiges Warmblutpferd. Kreuzung von Cleveland Bay mit englischem Vollblut ergibt den Englischen Halbblut-Hunter.

Exterieur: Nicht sehr edler, doch gut getragener Kopf; langer Hals; schräge Schulter; verhältnismäßig langer, oft etwas weicher Rücken; lange Kruppe; ziemlich flache Rippen; Sprunggelenke breit, gut geformt; Färbung braun; oft zebraartige schwarze Streifen an den Beinen; galten ursprünglich als typisches Rassemerkmal; weiße Abzeichen außer kleinem Stern fehlerhaft; Größe 165–170 cm Stockmaß.

Mechanik: Raumgreifender Schritt; Trab fördernd, energisch; ausgezeichnetes Galoppier- und Springvermögen.

Zuchtgebiete, Gestüte: England, Nord-Yorkshire, Cleveland; als Cleveland Bay gelten alle in das „Cleveland Bay Stud Book" aufgenommenen Pferde.

Geschichtliches: Alter englischer Landschlag. Im 18. und 19. Jahrhundert starke Einkreuzung von Orientalischem und Englischem Vollblut. Einfluß vor allem durch Hengste *Old Traveller* und *Jalap*. Seit Gründung der „Cleveland Bay Horse Society" 1884 weitgehende Reinzucht. Abspaltung der „Yorkshire Coach Horse"-Zucht, die weiterhin Vollblut verwendete. 1937 Wiedervereinigung von Cleveland Bay und Yorkshire Coach Zucht. Seit etwa 1955 neben der Reinzucht wieder Kreuzung mit Englischem Vollblut zur Erzielung eines edlen, gängigen Reit- und Springpferdes (Hunters). Große Bedeutung für deutsche Warmblutzuchten, z.B. Hengste *Burlington Turk, Owstwick* und *Brillant* Stammväter in Holstein, *Der Stäwesche Hengst, Duke of Cleveland, Lucks All* und *Astonishment* in Oldenburg.

Clydesdale

Typ und Verwendung: Großes, gängiges Kaltblutpferd; lebhaftes, gutmütiges Temperament, harte Konstitution; charakteristisch harmonische Kombination von Gewicht, Größe und Energie. F_1-Produkte von Vollbluthengsten zum Teil als Hunter und Springpferde geeignet.

Exterieur: Ausgesprochener Keilkopf, weite Nüstern, weit auseinanderstehende große Augen; gut aufgesetzter langer Hals; gut markierter Widerrist; Vorhand erheblich höher als Hinterhand; lange, schräge Schulter; kurzer Rücken, kräftige, muskulöse Nierenpartie; lange, breite, gut bemuskelte, schräge Kruppe; starke Gliedmaßen; gut gestelltes Vorderbein mit starkem Röhrbein; Hinterbein günstig gewinkelt, stark, mit gut markiertem Sprunggelenk; stark ausgeprägter, fast seidiger Behang; nicht selten helle, fehlerhafte Hufe; Farbe meist braun oder Rappe; große, weiße Abzeichen an Kopf und Gliedmaßen; Größe ca. 165–170 cm Stockmaß und mehr.

Mechanik: Regelmäßige Bewegungen; langer, abgemessener Schritt; energischer Trab mit fördernder Aktion.

Zuchtgebiete, Gestüte: Schottland; Clydesdale und südwestliches Schottland. Als Clydesdale gelten alle bei der „Clydesdale Horse Society" eingetragenen Pferde.

Geschichtliches: Entstanden aus autochthoner Rasse von Lanarkshire, die

Fell und Dales Ponys ähnlich gewesen sein dürfte; ursprünglich vor allem als Tragtier gezüchtet. Mit der industriellen Revolution und Verbesserung der Straßen steigende Nachfrage nach Pferden für den schweren Zug. Rasse geht auf um die Mitte des 17. Jahrhunderts nach Schottland importierte flämische Hengste zurück, die mit den heimischen Landstuten gepaart wurden. 1877 Gründung der „Clydesdale Horse Society". Heute starker Rückgang.

Comtois

Typ und Verwendung: Knapp mittelgroß, leicht, gängig, hart, von energischem, munterem Temperament.

Exterieur: Ausdrucksvoller, nicht kleiner Kopf; lebhafte Augen und bewegliches Ohrenspiel; schön aufgesetzter Hals; gut gelagerte Schulter; kurzer, kräftiger Rücken; abschüssige, breite, muskulöse Kruppe mit schön angesetztem Schweif; gute Rippenwölbung und Gurttiefe; korrekte, trockene Beine mit gesunden Hufen; Gesamteindruck: ausgesprochen abgedreht, trocken; Fuchsfarbe vorherrschend; Größe 150–160 cm Stockmaß.

Mechanik: Energische, fleißige, fördernde Bewegungen im Schritt und Trab.

Zuchtgebiete, Gestüte: Frankreich; Gegend um Besançon, an der Schweizer Grenze (Doubs). Zur Race Comtoise zählen alle im „Syndicat du Cheval Comtois" eingetragenen Pferde.

Geschichtliches: Heute rein gezüchtet; ähnelt stark dem Ardenner des vorigen Jahrhunderts, den man als Stammvater der Rasse ansehen darf. Vom Aussterben bedroht.

Connemara Pony

<u>Typ und Verwendung:</u> Einziger bodenständiger Ponytyp Irlands; anspruchs-
loser Reitpony; geeignet für alle reit- und fahrsportlichen Disziplinen; von
großer Härte, Trockenheit und Ausdauer; vorzüglicher Charakter, ruhiges
Temperament.

<u>Exterieur:</u> Gut geformter Kopf; langer Hals; lange, schräge Schulter; starker
Rücken mit günstiger Verbindung zur kräftig bemuskelten, abgeschlagenen
Kruppe; korrekte, trockene Gliedmaßen, oft etwas Behang; vorherrschende
Farbe Schimmel, aber auch Braune, Rappen; Falbfarbe heute seltener; kaum
Füchse; oft Aalstrich; Größe ca. 130–142 cm Stockmaß; bis 147 cm Stock-
maß erlaubt.

<u>Mechanik:</u> Ausgezeichneter langer Schritt; freie, leichte Trabaktion; bedeu-
tendes Galoppiervermögen; enormes Springtalent.

<u>Zuchtgebiete, Gestüte:</u> Irland. Ursprünglich nur Gebiet von Connaught,
heute über ganz Irland und England verbreitet. Vielfach halbwild gehalten.
Züchtervereinigungen: „Connemara Pony Breeder's Society", Dublin, und
„English Connemara Society". Nachzuchten auch auf dem Kontinent.

<u>Geschichtliches:</u> Bodenständige Rasse Irlands (Equus Celticus). Im Laufe
der Geschichte Einkreuzung spanischen und orientalischen Blutes, in jüngster Zeit auch von Vollblut. 1928 Gründung der „Connemara Pony Breeder's
Society". Zahlreiche internationale Leistungspferde auf Connemara-Basis
gezogen: *Dundrum, Stroller, Little Wonder* etc.

Criollo

Typ und Verwendung: Halbwild gehaltenes Reitpferd in südamerikanischen Viehzuchtgebieten; genügsam, hart, ausdauernd; große Widerstandskraft; gängig, fromm, gelehrig; gutes Temperament; in Argentinien und Uruguay als Criollo, in Brasilien als Crioulo, als Costeño oder Morochuco in Peru, als Caballo Chileno in Chile und als Llanero in Venezuela.

Exterieur: Unedler Kopf, oft mit Ramsnase; kräftiger Hals; karge, doch schräge Schulter; kurzer Rücken; abschüssige Kruppe; gutgestellte, kräftige Extremitäten mit eisenharten Hufen; stark reduzierte Griffelbeine; alle Farben; Tiger, Schecken, Falben, Isabellen häufig; Größe 145–155 cm Stockmaß.

Mechanik: Ausdauernde, bodendeckende Bewegungen in allen drei Gangarten, bedeutendes Galoppiervermögen.

Zuchtgebiete, Gestüte: Argentinien, Brasilien, Chile, Peru, Venezuela, Uruguay; Pampas, halbwilde Herden.

Geschichtliches: Erster Pferdeimport durch Columbus 1493 nach San Domingo, von dort Verbreitung über ganz Mittel- und Südamerika. Bedeutender Import durch Don Pedro de Mendoza nach Buenos Aires 1535. Bei Zerstörung der Stadt durch Indios in die Pampas entlaufene Pferde vermehrten sich dort rasch. Eingefangen und von den Siedlern als Reitpferde genutzt, wurden sie Criollos genannt. Ab etwa 1870 systematische Veredlungsversuche vor allem mit Englischem Vollblut. Einfluß des Trakehner-Hengstes *Mameluk*. Ab ca. 1910 wieder Reinzucht und strenge Selektion. Daneben Zucht des veredelten Anglo Argentino. 1893 begründeten Chilenen Gestütbuch für Criollos (Fina Sangre Chilena), 1912 folgte Argentinien, 1930 Brasilien und Uruguay. Seit 1959 alle im „Gestütbuch der Criollo-Rasse" vereinigt.

Dales Pony

Typ und Verwendung: Ursprünglich den übrigen Berg- und Moorponys Großbritanniens sehr ähnlich, heute deutlich Kaltblutcharakter. Früher hauptsächlich Packpferd (Lasten bis 100 kg und mehr in den Bleibergwerken), neuerdings Robustreitpferd (Trekking Pony); hart und anspruchslos, große Aktivität und Leistungsbereitschaft.

Exterieur: Netter, ponyhafter Kopf mit kurzen Ohren, leichte Ganaschen; eher kurzer Hals; Schulter steil; breiter, kräftiger Rücken; starke, muskulöse Nierenpartie; beachtliche Rippenwölbung; tiefer Schweifansatz; kräftige Gliedmaßen und Gelenke, oft kuhhessige Stellung; ziemlich stark ausgebildeter, feinhaariger Behang. Farben meist Rappe oder dunkle Braunschattierungen; keine Schimmel, Füchse oder Schecken; seltene Sterne und weiße Hinterfesseln erinnern an Clydesdale-Einfluß; Größe bis ca. 147 cm Stockmaß.

Mechanik: Langer Schritt, fördernde Trabaktion.

Zuchtgebiete, Gestüte: Nordengland, östlich der Pennine-Hügelkette. Züchtervereinigung „The Northern Dales Pony Society".

Geschichtliches: Autochthone Rasse Nordenglands, die im Verlaufe des vorigen Jahrhunderts mit Kaltblut (Clydesdale) gekreuzt wurde. Heute Reinzucht.

Dartmoor Pony

Typ und Verwendung: Gesamteindruck edel, wirkt häufig wie ein Miniaturvollblüter; harter, ausdauernder, halbwild aufgezogener Pony; beliebtes Kinderpferd. Sehr langlebig und fruchtbar.

Exterieur: Kopf ähnelt dem des Englischen Vollblüters; gut proportionierter Hals; meist schräge, lange Schulter; kräftiger Rücken mit starker Nierenpartie; manchmal etwas kurze, abschüssige Kruppe, niedriger Schweifansatz; stahlharte Extremitäten und Hufe; nicht selten etwas geringes Röhrbeinmaß vorn und kuhhessige Stellung der Hinterhand; Färbung meist braun, dunkelbraun oder schwarz; niemals Schecken; wenig weiße Abzeichen; Größe um 120 cm, nicht über 127 cm Stockmaß.

Mechanik: Vorzüglicher Schritt; großes Galoppier- und überdurchschnittliches Springvermögen.

Zuchtgebiete, Gestüte: England, Heidegebiet von Dartmoor; meist halbwild aufgezogen. Züchtervereinigung „The Dartmoor Pony Society". Zahlreiche Nachzuchtgebiete außerhalb Englands.

Geschichtliches: Autochthone Ponyrasse Südwestenglands. Stand leider zeitweilig stark unter Shetland-Pony-Einfluß. Bis Ende des 19. Jahrhunderts keine Registrierung der Ponys; Einkreuzung zahlreicher fremdrassiger Hengste; bis ca. 1920 existierten noch etwa 10 000 Ponys in halbwilden Herden im Moor. 1899 Stutbuchgründung und Festsetzung eines Standards; 1945 Öffnung des Stutbuchs auch für Neuzugänge, die einer Inspektion unterzogen oder auf öffentlichen Schauen placiert waren. 1957 Schließung des Stutbuchs, 1961 Anlage eines Vorbuchs.

Dølepferd

Typ und Verwendung: Mittelgroßer, leichter, genügsamer Kaltblutschlag Norwegens. Zwei Typen: Schwererer, für die Land- und Forstwirtschaft, und leichterer für Trabrennen und als Reitpferd (Trekking etc.).
Exterieur: Gute Gurttiefe; kräftige Sehnen und Gelenke; starke, gesunde Hufe; Farbe fast ausschließlich Schwarzbraune und Rappen; seltener Braune und Füchse; teils weiße Abzeichen; Größe 150–157 cm Stockmaß.
Mechanik: Gute Trabanlagen, trittsicher, beweglich.
Zuchtgebiete, Gestüte: Norwegen, Ostprovinzen.
Geschichtliches: Aus wahrscheinlich mit dem Ausgangsmaterial der Fjordrasse identischem Landschlag gegen Ende des 18. Jahrhunderts durch Kreuzung mit Frederiksborger und Englischem Vollblut entstanden. Später Einkreuzung jütischer Kaltblüter. Seit Ende des vorigen Jahrhunderts Reinzucht und Selektion auf schwerere Exemplare. Bedeutendste Hengstlinie begründet durch *Vejkle-Balder*. Starker Einfluß auf nordschwedische Zucht.

Donpferd

Typ und Verwendung: „Allround"-Warmblutpferd; früher hauptsächlich Kavalleriepferd der Donkosaken; genügsam, unverwüstlich; lange Brauchbarkeit und Lebensdauer; ruhiges Temperament, energischer Charakter; ausgedehnte Verwendung zur Verbesserung bodenständiger Rassen.

Exterieur: Mittelgroßer Kopf mit geradem oder geramstem Profil; kleine, bewegliche Ohren; große Augen; schmale Nüstern; nicht sonderlich langer Hals; wenig ausgeprägter Widerrist; Rücken kurz, breit; breite, lange, leicht abschüssige Kruppe; gute Brusttiefe; Schulter oft kurz und steil; trockene, manchmal leichte Extremitäten; Vorderfußwurzeln oft ausdruckslos, rückbiegig, Hintergliedmaßen teils säbelbeinig; steile Fesselung; ziemlich große Hufe mit festem Horn; Farbe überwiegend Fuchs mit goldenem Schimmer; Größe: Hengste ca. 159 cm, Stuten 156 cm Stockmaß.

Mechanik: Regelmäßige, nicht sehr elegante, manchmal etwas harte Bewegungen. Raumgriff, besonders im Galopp, nicht immer befriedigend.

Zuchtgebiete, Gestüte: UdSSR; Gebiete von Rostow, Wolgograd, Archangelsk, Saratow, Bezirk Stawropol, Kasachische Republik; beste Gestüte heute Budjonny und Issik-Kulsk in der Kirgisischen Republik. Ganzjährige Haltung in Herden („Tabunen").

Geschichtliches: Zuchtgrundlage leichter, trockener Pferdeschlag, sog. Alt-Donsches Pferd der Kosaken. Weiterzüchtung gemischter Herden aus Kalmücken-, Karabagh-, turkmenischen und persischen Pferden. Zu Beginn des 19. Jahrhunderts Veredelung vor allem mit Orlow-Traber- und Orlow-Rostopchin-Hengsten. Zweite Periode Entwicklung eines neuen, stärkeren Typs mit ziemlich gutem Exterieur und charakteristischer Goldfarbe bis ca. 1880. Beginn systematischer Einkreuzung Englischen Vollbluts. Seit 1920 planmäßiger Wiederaufbau der durch Krieg und Revolution stark zerstörten Zucht und weitere Entwicklung zum heutigen Gebrauchstyp. Regelmäßige Veröffentlichung eines Gestütbuches für reinrassige Donpferde.

Dülmener

Typ und Verwendung: Im Typ den englischen Heide- und Moorponys nahe; letzte wildlebende Pferderasse Deutschlands; beliebt als Zugpferd, Kinder- und Freizeitpony; sehr gelehrig; temperamentvoll.

Exterieur: Verhältnismäßig edler Kopf mit kurzen, gespitzten Ohren und offenen, lebhaften Augen; gut angesetzter Hals; kräftig bemuskelter Rücken mit guter Verbindung zur stark abschüssigen Kruppe; tief angesetzter Schweif; gut gelagerte Schulter; ausreichende Gurttiefe; trockene, harte Gliedmaßen mit kleinen, gesunden Hufen; manchmal etwas kuhhessige Stellung. Zwei Typen: ein meist etwas größerer, mausfalb, falb oder grau, oft mit Aalstrich und Zebrastreifung an den Beinen, und ein etwas kleinerer, edlerer, dunkelbraun mit Eselsmaul; aber auch andere Färbungen; weiße Abzeichen selten; Größe 130–135 cm Stockmaß.

Mechanik: Fleißige, fördernde Bewegungen in allen Gangarten; Galoppier- und Springvermögen.

Zuchtgebiete, Gestüte: Wildgestüt im Merfelder Bruch bei Dülmen, Nordrhein-Westfalen.

Geschichtliches: Seit über 600 Jahren nachweislich im Merfelder Bruch nahe bei Dülmen (Landkreis Coesfeld) gezüchtet. Erste urkundliche Nachricht bezeugt Übernahme des Bruchs durch einen Herrn von Merveldt 1316. Seit vorigem Jahrhundert im Besitz der Herzöge von Croy. Heutige Herde umfaßt ca. 180 Köpfe und wird auf ca. 250 Hektar gehalten. Nur die besten Hengste bleiben bei der Herde, die anderen (ca. 20–25) werden jedes Jahr, am letzten

Sonnabend im Mai (Volksfest), herausgefangen und verkauft. Im Laufe der Zeit häufigere Zufuhr fremden Blutes: Welsh Mountain Pony, Konik, Baskisch-Navarresischer Pony und Araber.

Einsiedler Pferd, Cavallo della Madonna

<u>Typ und Verwendung:</u> Heute dem Typ und Kaliber des Freibergers nahe.
<u>Exterieur:</u> s. Freiberger
<u>Mechanik:</u> s. Freiberger
<u>Zuchtgebiete, Gestüte:</u> Schweiz, Kanton Schwyz, Klostergestüt Einsiedeln.
<u>Geschichtliches:</u> Eine der ältesten urkundlich erwähnten europäischen Pferdezuchten. Bereits 1064 im Kloster Einsiedeln nachweisbar. Autochthone Stutenlinien, denen zu wiederholten Malen im Laufe der Geschichte mit Hilfe von Schwyzer, französischen und spanischen Hengsten fremdes Blut zugeführt wurde. Hochblüte der Zucht der „Cavalli della Madonna" im 18. Jahrhundert. Alter Schlag hauptsächlich Reit- und Saumpferd. Nach den Napoleonischen Kriegen Neubegründung der Zucht mit Yorkshire und Normänner Blut. 1866 wurde der Yorkshire Hengst *Bracken* gekauft, 1883 und 1885 die Anglo-Normänner Hengste *Corail* und *Egalité*. Später wurden auch Hackneys eingesetzt (nach 1900). Insgesamt war der Normänner Einfluß auf die Zucht in diesem Jahrhundert am stärksten.

Englisches Vollblut, Thoroughbred, Pur Sang

<u>Typ und Verwendung:</u> Das Rennpferd schlechthin für Galopp- und Hindernisrennen unter dem Reiter; zugleich leichtes, elegantes Reitpferd von größter Leistungsfähigkeit und Leistungsbereitschaft, das sich, von Rennen abgesehen, gleich gut als Dressur-, Military-, Spring- und Jagdpferd eignet; überaus edel, trocken, zäh, hart, beweglich, intelligent; von lebhaftem, eifrigem, nicht immer einfachem Temperament und Charakter; dem Orientalischen Vollblut gleichwertig an Adel und Zuchtkonstanz; in seiner Bedeutung als Veredler der Landespferdezuchten weit überlegen; zur Produktion leistungsfähiger Halbblutreitpferde unentbehrlich.
Aufgrund unterschiedlicher Rennsysteme heute Herausbildung von zwei unterschiedlichen Typen: Ein langliniger, großrahmigerer Stehertyp und ein muskelbepackter Fliegertyp mit kürzeren Konturen. Namentlich unter den Irischen Steeplern nicht selten großrahmige Typen, die in Rahmen und Kaliber einem Warmblüter ebenbürtig sind, während der Fliegertyp vielfach von den in den USA gezüchteten Kurzstrecklern verkörpert wird, die manchmal fast an Quarterhorses erinnern.
<u>Exterieur:</u> Kleiner, meist edler, trockener, leichter Kopf mit großen, lebhaften Augen und weiten Nüstern auf einem schön angesetzten, langen Hals; hoher, langer Widerrist; lange, schräge, gut bemuskelte Schulter; tiefe, meist ziemlich schmale Brust; außerordentliche Gurttiefe; kräftig bemuskelter, elastischer Rücken mit vorzüglicher Sattellage und häufig geradezu idealer, kräftiger Nierenpartie als Verbindung zur langen, schrägen, stark bemuskel-

ten Kruppe; muskulöse, außerordentlich trockene, oft recht eng gestellte Gliedmaßen mit gut geformten Hufen; solide Sehnen; nicht selten etwas ausdruckslose Vorderfußwurzelgelenke; Farbe bei überwiegender Mehrzahl braun, vor allem dunkelbraun; aber auch Füchse, Schimmel, Rappen nicht selten; Größe 155–165 cm Stockmaß, teils auch größer.

Mechanik: Langer Schritt; langer, flacher Trab; Galoppiermaschine – gewaltiger, langer, bodendeckender, federnder Galoppsprung; oft überdurchschnittliches Springvermögen.

Zuchtgebiete, Gestüte: Zucht international; in allen Kulturstaaten der Erde verbreitet; Schwerpunkte in den Ursprungsländern England und Irland – Zentrum der Englischen Vollblutzucht Newmarket – und in anderen europäischen Staaten (Frankreich, Normandie und Italien, Gestüt Dormello), außerdem in den USA (Kentucky), Australien, Brasilien, UdSSR (Kubangebiet).Wichtigste, ausschließlich in Privathand befindliche Vollblutgestüte Deutschlands: Schlenderhan, Waldfried, Erlenhof, Mydlinghoven, Röttgen, Harzburg, Zoppenbroich, Ravensberg, Fährhof, Frens, Römerhof, Charlottenhof, Buchenhof, Ebbesloh, Berghof, Bona, Erlengrund, Falkenstein, Fohlenhof, Gamshof, Hohe Weide, Lauvenburg, Quellenhof, Quenhorn, Wehldorfer Holz, Westerberg, Isarland und viele kleinere Züchter. Das ehemals größte deutsche Vollblutgestüt, das Hauptgestüt Graditz bei Torgau, früher dem Preußischen Staat gehörig, befindet sich heute in der DDR.

Geschichtliches: Entstanden durch ständige, systematische Selektion aufgrund härtester Rennprüfungen. Als Stammväter der Zucht gelten drei Orientalische Hengste: The *Byerly Turk, The Darley Arabian* und *The Godolphin Barb*, die gegen Ende des 17. bzw. zu Anfang des 18. Jahrhunderts nach England importiert wurden und mit Stuten des englischen Landschlages gepaart wurden, die bereits seit Generationen in Rennen geprüft worden waren. Ein Teil dieser Stuten führte ebenfalls orientalisches Blut; über die Abstammung und Herkunft des größeren Teils besteht bis heute keine Klarheit, doch glaubt man aus verschiedenen Anzeichen schließen zu dürfen, daß eine nicht unerhebliche Zahl von ihnen Ponys (Galloways) etwa im Typ des heutigen Exmoor gewesen sind. Seit ihrer Entstehung hat sich die Widerristhöhe der Vollblutrasse von durchschnittlich unter 150 cm auf 160 bis teilweise sogar 170 cm erhöht. Als Vollblut gilt jedes Pferd, dessen Stammbaum sich sowohl mütterlicher- als auch väterlicherseits in den ersten 8 Generationen auf das General Stud Book zurückführen läßt. Klassische Zuchtprüfungen überall auf der Erde, fast alle unter den Namen und in den gleichen Abmessungen wie in ihrem Ursprungsland England gelaufen: Derby, Oaks, St. Léger, 1000 und 2000 Guineas.

Neben seiner Hauptaufgabe, dem Einsatz im Flach- und Hindernisrennsport, ist der Englische Vollblüter die wichtigste Veredlerrasse für nahezu alle Reitpferdezuchten der Welt. Englische Vollbluthengste begründeten im vorigen Jahrhundert als Stammväter, teils auch mittelbar durch ihre Halbblutsöhne, alle deutschen und zahlreiche ausländische Warmblutrassen. Bei weitem den größten Einfluß erlangte das Englische Vollblut, außer traditionsgemäß in der Irischen Hunterzucht, in Holstein und in der Normandie zur Erzeugung von Hochleistungspferden.

Europäischer Traber

Typ und Verwendung: Rennpferd für Trabrennen im Sulky; meist sehr gute Zugpferdeigenschaften, die eine Verwendung sogar in landwirtschaftlicher Arbeit ermöglichen; bemerkenswert intelligent; gutartiger Charakter, lebhaftes, eifriges Temperament; oft beträchtliche Springanlagen.

Exterieur: Muß, wie das aller Traber, im Rahmen seiner besonderen Funktion betrachtet werden; dem American Standard Traber nahestehend (s. d.).

Mechanik: s. American Standardbred.

Zuchtgebiete, Gestüte: Europa: Skandinavien (vor allem Schweden), Holland, Belgien, Italien, Ungarn, Jugoslawien, Österreich; zahlreiche Gestüte, fast ausschließlich in Privathand; in der Bundesrepublik reine Privatzucht unter Leitung des Hauptverbandes für Traberzucht und Rennen; Schwerpunkte in Norddeutschland, Westdeutschland und Bayern. Bedeutende deutsche Privatgestüte: Altengamme, Lurup, Buchenhof, Lasbek, Haidhöhe, Duvenstedt, Helenenhof, Abel-Heinkenborstel, Gestüt Niedersachsen, Alkmade-Elten, Speckmann-Everswinkel, Weitkamp-Billerbeck, Aschau, Straßlach, Schweizerhof, Steinach.

Geschichtliches: Entstehung von Trabrennen und Traberzucht in Europa Ende 19. Jh. Lange Zeit Importe und absolute Vorherrschaft amerikanischer Traber. Zwischen den Kriegen sporadische Einkreuzung französischen Traberblutes. Aufgrund der Nachkriegsentwicklung in Rennsport und Zucht Herausbildung eines einheitlichen Europäischen Standard-Trabers: Synthese französischen Stehvermögens und amerikanischen Speeds. Bedeutendste Hengste der deutschen Zucht: *Epilog* und *Permit*.

Exmoor Pony

Typ und Verwendung: Harter, genügsamer, halbwilder Pony; intelligent; sehr gute Springanlagen; Kinderpony.

Exterieur: Trockener, ausdrucksvoller Kopf; breite Stirn; kleine, spitze Ohren; kurzer Hals; gutgelagerte, allerdings oft etwas gepackte, kurze Schulter; starker Rücken mit gut ausgebildeter Nierenpartie; Kruppe meist etwas abgeschlagen; vordere Extremitäten musterhaft mit langen Unterarmen, kurzen Röhren; trockene, gut markierte Sehnen und Gelenke; Hinterhand oft kuhhessig; üppiges Langhaar; Farbe dunkelbraun mit Eselsmaul oder braun mit schwarzen Beinen bzw. hellbraun mit heller Schattierung an der Innenseite der Schenkel; andere Farben verpönt, ebenso weiße Abzeichen; Größe: Stuten 127 cm, Hengste 130 cm Stockmaß.

Mechanik: Bodendeckende, fördernde Bewegungen in allen drei Gangarten; Trab flach; großes Galoppier- und Springvermögen.

Zuchtgebiete, Gestüte: England; Aufzucht in Wildherden in den Heidedistrikten von Exmoor. Züchtervereinigung „The Exmoor Pony Society".

Geschichtliches: Gilt neben dem Orientalen als einer der Stammväter des Englischen Vollbluts. Von allen britischen Heide- und Moorponys am typreinsten erhalten. Vorfahren wurden in Funden aus der Nacheiszeit (vor ca. 20 000 Jahren) in der Mendip-Höhle in Somerset, Südengland, und aus der Bronzezeit (ca. 2000–1500 v. Chr.) nachgewiesen.

Fell Pony

Typ und Verwendung: Bergponytyp; früher vor allem als Säumer verwendet, der großes Gewicht tragen konnte, heute ausgezeichneter robuster Reit- bzw. Mehrzweckpony; typtreu und einheitlich.

Exterieur: Kompakt, kräftig bemuskelt; ausgesprochenes Pony-Gesicht; Hals wohlgeformt in der Länge, gut proportioniert; Körper kräftig und muskulös mit guter Rippenwölbung; Kruppe breit; Schulter lang und gut gelagert; Gliedmaßen regelmäßig; breite, kräftige Gelenke; erhebliche Knochenstärke; Huf rund, offen, aus festem Horn. Farben dunkelbraun, schwarzbraun, manchmal Schimmel/Falbe, am häufigsten Rappen ohne Abzeichen. Mähnen und Schweifhaar kräftig ausgebildet, lockig. Etwas Behang. Durchschnittliche Größe ca. 137 cm Stockmaß.

Mechanik: Fördernde Grundgangarten; trittsicher; Springvermögen.

Zuchtgebiete, Gestüte: England; vom Kamm des Pennine-Höhenzuges hinüber nach Westen und in den Bergen von Westmoorland und Cumberland bis Windermere, Ullswater, Derwentwater. Züchtervereinigung „The Fell Pony Society".

Geschichtliches: Fell Pony und Dales Pony ursprünglich praktisch identisch, trotz heutiger Unterschiede in Größe und vor allem Exterieur. Namen nur von lokaler Bedeutung. Der entscheidende Unterschied zwischen beiden Rassen liegt darin, daß dem Dales Kaltblut zugeführt worden ist, während die Fell-Züchter eifersüchtig über die Reinheit der Rasse gewacht haben.

Finnischer Klepper

Typ und Verwendung: Auf Equus caballus celticus zurückgehender leichter Kaltbluttyp; Allround-Pferd, kräftig, gängig, ausdauernd, energisch, frommer Charakter, handlich, robust und langlebig. Verwendung in Forst- und Landwirtschaft, teils auch in Trabrennen erprobt und geritten. Dem Wjatpferd verwandt.

Exterieur: Hübscher Kopf mit geradem Profil, freundliches Auge, ponyhaft kurze Ohren; kurzer Hals; muskulöse, steile Schulter; kräftig bemuskelte Kruppe; tiefer Schweifansatz; kräftige Gliedmaßen mit kurzer Fesselung; geringer Behang; runde harte Hufe; dichtes Mähnen- und Schweifhaar; Farbe meist Fuchs, oft mit weißen Abzeichen an Kopf und Gliedmaßen, Dunkelbraune und Rappen heute selten; Größe ca. 150–155 cm Stockmaß, selten bis 160 cm.

Mechanik: Fördernde, korrekte Bewegungen im Schritt und Trab.

Zuchtgebiete, Gestüte: Finnland, meist bäuerliche Zucht; die Zucht der für Trabrennen verwendeten Pferde wird gesondert betrieben.

Geschichtliches: Entstanden auf autochthoner Ponygrundlage durch Einkreuzung importierter Kalt- und Warmblüter. Hatte bereits im 17. Jahrhundert einen hervorragenden Ruf. Ursprünglich zwei Rassen: Finnischer Klepper und Karelisches Kaltblut, heute vereinigt. Heutiger Typ verdankt sein im Vergleich zu früher größeres Kaliber dem Karelier, sein hervorragendes Trabvermögen dem Norfolk Roadster, mit dem die Rasse im vorigen Jahrhundert veredelt wurde.

Fjordpferd, Norweger, Vestland Pferd

Typ und Verwendung: Auf der Grenze vom Kaltblut zum Pony; anspruchslos, hart, ausdauernd, gutmütiger Charakter; beliebt für leichte Spanndienste und als robustes Reitpferd (Ponytrekking).

Exterieur: Kantiger Kopf, meist ziemlich groß, doch stets trocken; breite Stirn; kurze, weit auseinanderstehende Ohren; große ausdrucksvolle Augen; weite Nüstern; Hals kurz und dick; starke Ganaschen; Widerrist niedrig; Rükken kurz und schmal; Kruppe kurz, spitz abgeschlagen; Schulter oft kurz und steil; Gliedmaßen schmal, aber trocken; Farbe meist Braunfalb verschiedener Abstufung, schwarzer Aalstrich, schwarze Beine, Zebrastreifung, schwarzweiß gemischtes Mähnen- und Schweifhaar; auch Maus- oder Fuchsfalb; Größe: Hengste 138–145 cm, Stuten 136–142 cm Stockmaß.

Mechanik: Ungewöhnliche Trittsicherheit; ausgezeichneter Schritt; räumende Trabaktion.

Zuchtgebiete, Gestüte: Norwegen; Provinzen Rogaland, Hordaland, Sogn og Fordane, Møre og Romsdal. Züchtervereinigung „Norges Fjordhestlag". Nachzuchtgebiete Dänemark und Bundesrepublik Deutschland.

Geschichtliches: Bodenständige Rasse, zum Typ des Equus caballus celticus gehörend, noch im 18. Jahrhundert selten über 133 cm. Vor allem während der dänischen Herrschaft Versuche, Fjordpferde zu vergrößern und zu verstärken. Einkreuzungen von Fremdblut, sogar Englischem Vollblut, die jedoch kaum Spuren hinterlassen haben. Heute Reinzucht.

Französischer (Anglo-Normänner) Traber

Typ und Verwendung: Rennpferd für Trabrennen im Sulky und unter dem Reiter; teils unausgeglichenes Temperament; ausgezeichnete Zugpferdeigenschaften; große Energie und Stehvermögen. Erhebliche Bedeutung für die Landespferdezucht.

Exterieur: Recht großer Kopf; gut angesetzter, langer Hals; wohlausgeprägter Widerrist; bemerkenswert stabiler Rücken mit gut herangeschlossener Hinterhand; Schulter teilweise steil und lose; leichtes Fundament; feine Gelenke; Fesselung oft steil und lang; Hufe von vorzüglicher Qualität und Form; hauptsächliche Farbe braun; Größe 160–165 cm Stockmaß.

Mechanik: Enormes Trabvermögen, schwungvoll und raumgreifend aus der Hinterhand, Schritt und Galopp befriedigend; gute Springanlagen.

Zuchtgebiete, Gestüte: Frankreich; Gestüte Le Pin, Saint Lô, l'Orne, Victot, du Chemoitou, Chartreux, Meantry; zahlreiche bedeutende Privatzuchten.

Geschichtliches: Aus Anglo-Normänner Landeszucht entstanden durch Ausbildung vorhandener Trabeigenschaften unter Kontrolle der staatlichen Gestütsverwaltung. Erste Rennen 1836. Seit 1922 offizielles Stutbuch, 1937 geschlossen. Bedeutendste Hengstlinienbegründer: *Conquérant, Normand, Lavater* und *Phaeton.* Dem American Standard Traber exterieurmäßig und an Stehvermögen oft überlegen, an Schnelligkeit teils ebenbürtig. Bedeutender Einfluß auf Traberzuchten Hollands, Italiens, Schwedens, Belgiens und Deutschlands.

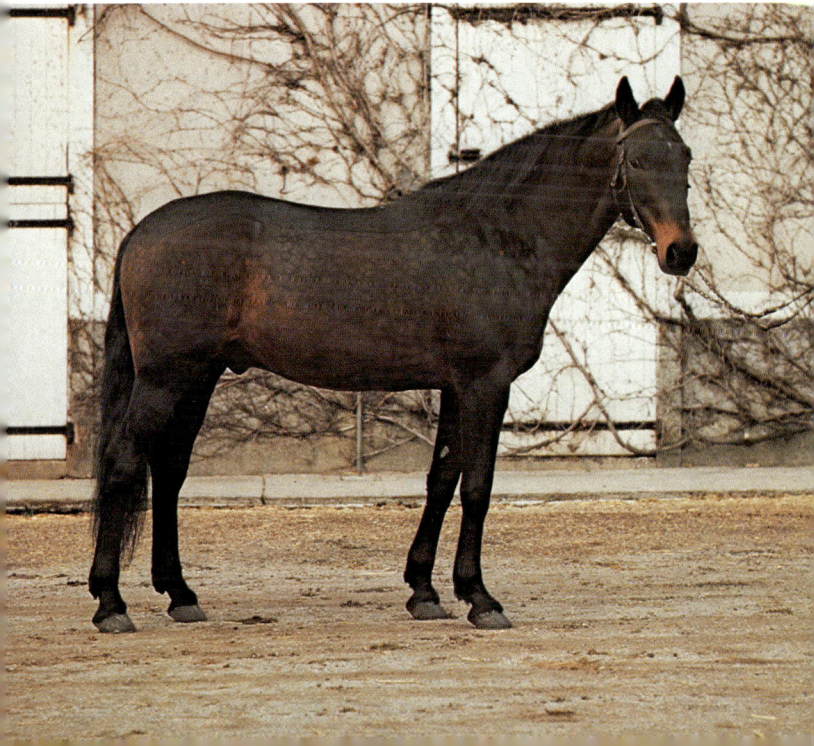

Frederiksborger

Typ und Verwendung: Gängiges, mittelschweres Warmblutpferd; gutes Temperament.

Exterieur: Häufig Ramsnase; schön aufgesetzter Hals; wenig ausgeprägter Widerrist; kurzer Rücken mit kräftiger Nierenpartie; lange, breite, schräge Kruppe; gut gelagerte Schulter; erhebliche Gurttiefe; gewölbte Rippen; etwas ausdruckslose Vorderfußwurzelgelenke; kleine, gesunde Hufe; fast ausschließlich Füchse; Größe 155–160 cm Stockmaß.

Mechanik: Guter Schritt; raumgreifende, fördernde Trabaktion; Galoppiervermögen.

Zuchtgebiete, Gestüte: Dänemark, vor allem Seeland und Bornholm; Zucht völlig in bäuerlicher Hand.

Geschichtliches: Älteste Pferderasse Dänemarks, genannt nach 1562 mit andalusischen und neapolitanischen Hengsten begründetem Hofgestüt Frederiksborg. Pluto-Stamm in Lipizza mit Frederiksborger Hengst *Pluto* begründet. Auch an Entstehung der Orlowrasse ist Frederiksborger Blut beteiligt. 1862 Auflösung des Gestüts, seitdem wiederholt Einkreuzung von Arabischem und Englischem Vollblut, wodurch sich die reine Luxusrasse zum gängigen Wirtschaftspferd wandelte. In jüngster Zeit Zuchtbestrebungen in Richtung auf einen vielfach verwendbaren Reitpferdetyp mit Hilfe von Vollblut und anderen edlen Rassen. Heute mit den anderen Warmblutzuchten Dänemarks im gemeinsamen „Sportpferde-Zuchtverband" zusammengeschlossen.

Freiberger

Typ und Verwendung: Arbeitspferd des Schweizer Jura; früher Zugpferd im Gepräge eines leichteren Kaltblutpferdes. Mittelschwer, leichtfuttrig, ausdauernd, von lebhaftem Temperament und gutartigem Charakter; heute umgezüchtet auf ein vielseitig verwendbares Reit- und Wagenpferd auch für Sportzwecke.

Exterieur: Ziemlich leichter, trockener Kopf mit lebendigen Augen; nicht zu kurzer Hals; kräftiger Rücken mit guter Verbindung zur wohlbemuskelten Kruppe; kurze, stabile Extremitäten mit festen, gesunden Hufen; Farbe meist braun, Abzeichen selten; durchschnittliche Größe ca. 160 cm Stockmaß.

Mechanik: Leichte, freie, korrekte Bewegungen in Schritt, Trab und Galopp.

Zuchtgebiete, Gestüte: Schweiz; Staatsgestüt Avenches.

Geschichtliches: Im vorigen Jahrhundert aus der heimischen Landrasse durch Kreuzung mit englischem Kaltblut, Normänner Cob und Ardennern entstanden. In neuerer Zeit auch Verwendung einzelner Araberhengste zur Zucht. Wichtigste Blutlinien durch den auf den englischen Halbbluthengst *Leo I* zurückgehenden *Vaillant* und den Normänner *Imprévu* begründet. Um die Jahrhundertwende wahlloser Einsatz von Percherons, Bretonen und Shire-Hengsten, der die Zucht fast vernichtete. Danach Konsolidierungsprozeß auf Normänner Blut. Zucht inzwischen rückläufig, trotz Veredelungsversuchen in Richtung auf den französischen Typ Selle.

Furioso-Northstar

Typ und Verwendung: Typ des tüchtigen, energischen Halbblutgebrauchs-
pferdes für alle Zwecke; solid in Bau und Temperament; ohne besondere
Brillanz, dafür sehr hart, ausdauernd, genügsam; ziemlich spätreif; ursprünglich hauptsächlich Kavallerieremonte, heute schnelles Wagen- und Reitpferd, auch unter schwerem Reiter.

Exterieur: Nicht sehr großrahmig; edler Kopf; kräftiger Rücken; gut ausgebildete Schulter; muskulöse Kruppe; kräftige, korrekte Gliedmaßen mit starken,
trockenen Sehnen und Gelenken; vorherrschende Farbe braun in allen
Schattierungen; Größe 155–160 cm Stockmaß.

Mechanik: Energische, korrekte, raumgreifende Bewegungen in allen drei
Gangarten.

Zuchtgebiete, Gestüte: Ungarn: Comitat Csanád, Gestüt Mezöhegyes;
Tschechoslowakei: Gestüt Kladrub; Österreich: Burgenland.

Geschichtliches: Wurde in der Mitte des vorigen Jahrhunderts mit den beiden Englischen Vollbluthengsten *Furioso* und *Northstar* im ungarischen
Staatsgestüt Mezöhegyes begründet. Beide Hengste begründeten zunächst
eigene Stämme, wobei dem *Furioso*-Stamm wiederholt weiteres Englisches
Vollblut sowie arabisches Blut zugeführt wurde, in dem Bestreben, ein besonders schnelles, ausdauerndes Kavalleriepferd zu züchten. 1885 wurden beide Stämme vereinigt, wodurch der Doppelname entstand.

Gidran

Typ und Verwendung: Edles, im Anglo-Arabertyp stehendes Reitpferd; elegant; von lebhaftem Temperament; auch als Wirtschaftspferd verwendet.

Exterieur: Kleiner, gemeißelter Kopf mit kurzen Ohren und großen, lebhaften Augen; schön geformter Hals; kräftiger Rücken mit gut ausgebildeter Nierenpartie; lange, breite Kruppe; muskulöse Hosen; gut gelagerte Schulter; korrekt gestellte Gliedmaßen mit reinen Gelenken und Sehnen; kurze Röhren; manchmal etwas weiche Fesselung; kleine, harte, gut geformte Hufe; Farbe meist Fuchs; viel weiße Abzeichen; Größe 150–160 cm Stockmaß.

Mechanik: Lange, flache, korrekte Bewegungen im Schritt und Trab; hervorragendes Galoppiervermögen.

Zuchtgebiete, Gestüte: Ungarn, Comitat Csanád; Gestüt Mezöhegyes; Reinzucht heute vor allem im Gestüt Sütveny. Nachzuchtgebiete in allen Nachfolgestaaten der ehemaligen k. u. k. Donaumonarchie.

Geschichtliches: Zucht mit 1820 von Baron Fechtig aus Ägypten importiertem Original Araber-Hengst *Gidran Senior* begründet. Sein Sohn *Gidran II* aus der andalusischen Stute *Arrogante* gilt als eigentlicher Stammvater der Zucht. Früher typische Husarenremonte. Ab 1862 Zufuhr von viel Englischem Vollblut, wodurch der orientalische Charakter der Rasse fast verlorenging. Als Gegenmaßnahme der Zucht in der ersten Hälfte unseres Jahrhunderts Einsatz einiger geeigneter Araberhengste zur Blutauffrischung, wodurch der Anglo-Arabische Typus wieder betont wurde.

Gotlandpony, Skogsruss, Gotland Russ, Skogs Bagge

Typ und Verwendung: Mittelgroßer, ursprünglich halbwilder, genügsamer Pony; energisch, ausdauernd, eiserne Konstitution; beliebt als Kinderpony; ausgezeichneter Charakter, feuriges Temperament. Typmäßig britischen Heide- und Moorponys und Dülmener nahe.

Exterieur: Langgestreckter Kopf mit kleinen Ohren und munteren Augen; oft tief angesetzter Hals; Schulter relativ steil; Kruppe abgeschlagen mit tief angesetztem Schweif; Gliedmaßen vorn oft verstellt, hinten kuhhessig; trotzdem unverwüstliche Gelenke und Sehnen. Farben: dunkelbraun in allen Schattierungen, Falben, Isabellen; Füchse und Rappen seltener; Größe ca. 120 cm Stockmaß.

Mechanik: Eifrige, fleißige Aktion im Schritt und Trab; gutes Galoppiervermögen; überragendes Springtalent.

Zuchtgebiete, Gestüte: Schweden, Insel Gotland; Zucht fast ganz in bäuerlicher Hand; auch übriges Schweden.

Geschichtliches: Uralte bodenständige Rasse, der im Laufe der Zeit wiederholt fremdes Blut zugeführt wurde (Welsh). Nachdem die Zucht mit Auflösung der „Allmende" und Intensivierung der Landwirtschaft auch auf Gotland in der zweiten Hälfte des vorigen Jahrhunderts stark zurückgegangen war, seit etwa 1900 von begeisterten Anhängern (u.a. Graf C. G. Wrangel) bedeutende Anstrengungen, die Rasse zu fördern und rein zu erhalten. Heute beliebt als einer der besten Kinderponys der Welt. Gestütbuch seit 1943.

Hack

<u>Typ und Verwendung</u>: Elegantes, im Vollbluttyp stehendes, leichtes Reitpferd. Früher zwei Typen: sogenannter Covert Hack, Gebrauchsreitpferd der Farmer, auf dem man zum Stelldichein der Jagd ritt, ehe man auf den Hunter umsaß, und Park Hack, Luxusreitpferd der High Society z.B. für den Hyde Park und anderswo. Heute als Show Hack im Typ des Park Hack reines Schau-und Freizeitpferd, vor allem Damenpferd. Keine eigentliche Rasse, sondern Gebrauchstyp, der meist aus der Kreuzung von Englischem Vollbluthengst und Ponystute, oft auch Araber- oder Anglo-Araberstute entsteht.

<u>Exterieur</u>: Hochelegant, leicht, jedoch mit ausreichender Substanz des Fundaments; langer, leichter Hals; edles, ausdrucksvolles Gesicht; viel „quality" (Adel); zwei Typen: kleinerer soll 155 cm nicht überschreiten; größerer soll nicht über 160 cm Stockmaß groß sein. Farben beliebig, jedoch möglichst nicht bunt, dunkle Grundfarben bevorzugt.

<u>Mechanik</u>: Leichte, elegante, flache, raumgreifende Bewegungen; vor allem vorzüglicher Schritt.

<u>Zuchtgebiete, Gestüte</u>: Großbritannien; private Spezialzuchten.

<u>Geschichtliches</u>: Der Name Hack kommt von dem mittelalterlichen französischen Ausdruck „haquenée" (Zelter). Ursprünglich das Gebrauchspferd des Farmers oder Städters, mit dem er sich auf möglichst bequeme Art fortbewegte. Heute, da vor allem für Schauen gezüchtet, reines Luxusreitpferd; oft unter dem Damensattel vorgestellt.

Hackney

Typ und Verwendung: Leichtes, elegantes, oft blendendes Wagenpferd; Paradepferd für Turniere; edel geschnitten; temperamentvoll.

Exterieur: Edler Kopf, gut aufgesetzter, schön getragener Hals; hoher Widerrist; kräftiger Rücken mit solider Verbindung zur geraden Kruppe; hoch angesetzter und getragener Schweif; meist steile, kurze Schulter; oft schwache Extremitäten, z.B. geschnürte Vorderfußwurzel, rückbiegig; schlecht eingeschientes, dürftiges Sprunggelenk; Farbe oft Fuchs in allen Schattierungen, aber auch braun, dunkelbraun und Rappe; teils stichelhaarig; viele große, weiße Abzeichen; breite Blessen und hoch- oder halbweiße Extremitäten; Größe 150 bis 160 cm Stockmaß.

Mechanik: Oft ungenügender Schritt; brillante, aber oft unregelmäßige, hohe, wenig raumgreifende Aktion der Vorhand mit nicht selten mangelhaftem Schub aus der Hinterhand im Trab; Springvermögen.

Zuchtgebiete, Gestüte: Vor allem Großbritannien, Holland, USA; zahlreiche größere und kleinere Privatgestüte; „Hackney Horse Society", London.

Geschichtliches: Entwickelt aus der alten Norfolk Trotter-Rasse, die bereits um 1100 berühmt war. Im 14. Jahrhundert erste Erwähnung der vortrefflichen „Hackneys" Norfolker Zucht. Gegen Ende des vorigen Jahrhunderts Veredelung zur reinen Luxusrasse. In jüngster Zeit stärkere Verbreitung, vor allem in den Niederlanden, zu Turnier- und Schauzwecken.

Haflinger

Typ und Verwendung: Recht großer „Allround"-Pony; kräftiges, ausdauerndes, genügsames, trittsicheres Gebirgspferd; robuste Gesundheit; ideales Saumtier für Gebirgstruppen, auch für Ponytrekking verwendet.

Exterieur: Kleiner, edler Kopf, der arabischen Einschlag erkennen läßt; kräftiger Hals; steile Schulter; breiter Rücken, breite Lende; Kruppe abschüssig; kräftige, trockene Beine mit deutlich markierten Gelenken und Sehnen; manchmal Säbelbein; kurz gefesselt; kleiner, hervorragend gesunder, harter Huf; wirkt ausgesprochen muskelbepackt, gedrungen, abgedreht; Farbe mehr oder weniger dunkler Fuchs; Mähne und Schweif hell; Größe 135 bis 145 cm Stockmaß.

Mechanik: In allen drei Gangarten zwar fleißig, jedoch nicht besonders raumgreifend; klettert und springt wie eine Gemse.

Zuchtgebiete, Gestüte: Alpengebiet; Südtirol, Meran-Bozener Becken: Haupt- und Landgestüt Santa Maria; Nordtirol; Vorarlberg; Bayern.

Geschichtliches: Stammvater der Haflinger Zucht in Radautz gezogener Shagya-Hengst *133 El'Bedavi XXII 1868* bzw. sein Sohn aus Südtiroler Landstute, *249 Folie 1874*. Südtiroler Landschlag, ursprünglich wahrscheinlich norischer Prägung, jedoch viel kleiner, trockener und härter. Bereits im Mittelalter orientalisch beeinflußt. Ursprung der Rasse Raum Bozen und Meran. In den 30er Jahren und nach dem II. Weltkrieg starke Ausbreitung des Haflingers in Deutschland und Österreich. In jüngerer Zeit Einkreuzung von Araberblut zur Erzeugung von Kinderreitpferden.

Hannoveraner

Typ und Verwendung: Kräftiges, edles Reitpferd, das sich zugleich auch für den leichten Zug eignet; in jüngster Zeit durch die Verwendung von Ostpreußen und Englischem Vollblut in der Zucht weitgehende Annäherung an den reinen Reitpferdtyp; stellt heute in absoluten Zahlen die Hauptmasse der Reit- und Sportpferde nicht nur der Bundesrepublik, sondern Europas; für jeden Zweig der Reiterei verwendbar; wegen der Größe der Zucht nicht sehr einheitlich im Typ. Nobel, trocken, gängig, viel Ausdruck; gutmütiges, charakterfrommes, meist ruhigeres Temperament als der Ostpreuße.

Exterieur: Schöne Linien; ähnelt in vieler Hinsicht dem Ostpreußen, nur ist im allgemeinen der Kopf etwas weniger edel, die Kruppe etwas schräger und länger; außerdem meist mehr Knochenstärke und Masse; großer Rahmen; schön aufgesetzter, langer Hals; gut bemuskelter Rücken; solide, meist stark bemuskelte Nierenpartie; lange, schräge Schulter; bedeutende Tiefe und Rippenwölbung; hoch angesetzter und getragener Schweif; vier kräftige Gliedmaßen mit trockenen Sehnen und Gelenken; massive Sprunggelenke; manchmal etwas kleine Hufe; Farben: vorherrschend Füchse, teils mit großen Abzeichen, und Braune in allen Schattierungen, aber auch Rappen und Schimmel; Größe 160–175 cm Stockmaß.

Mechanik: Langer Schritt; energischer, fördernder Trab; bodendeckender, elastischer Galopp; ausgezeichnetes Springvermögen.

Zuchtgebiete, Gestüte: Deutschland: Niedersachsen; vor allem Gegend um Stade, Altes Land, Land Hadeln, Kehdingen; Landgestüt Celle mit der angegliederten Hengstprüfungsanstalt Adelheidsdorf und dem Hengstaufzuchtgestüt Hunnesrück/Taunus; fast ausschließlich staatliche Hengsthaltung, kaum Privathengste. Zahlreiche Nachzuchtgebiete des Hannoveraners, so Westfalen, Mecklenburg, Brandenburg, dazu in jüngerer Zeit Ostfriesland, Rheinland, Hessen, Pfalz, Bayern. Einfluß auch auf zahlreiche ausländische Zuchten wie Schweden, Dänemark, Österreich etc. Hannover selbst gilt heute als größtes geschlossenes Warmblutzuchtgebiet der Welt mit über 16000 Mutterstuten. Als Hannoveraner anerkannt werden alle Pferde, die beim Hannoverschen Verband eingetragen sind und den Hannoverschen Brand tragen. Zuchtverband ist der Verband Hannoverscher Warmblutzüchter e.V. in Verden.

Geschichtliches: Die Hannoversche Zucht, ursprünglich auf Holsteiner und Mecklenburger Blut begründet, hat ihren großen Aufschwung im 19. Jahrhundert der systematischen, konsequenten Verwendung edler Hengste, vor allem von Englischem Vollblut, zu verdanken. Während der Regierungszeit König Georgs II. von England, der zugleich Kurfürst von Hannover war, Begründung des Landgestüts Celle 1735 durch Roger Brown mit zunächst 14 Holsteiner Hengsten, deren Zahl bis 1756 auf über 50 stieg. Die ehemaligen Landgestüte Harzburg-Bündheim (gegründet im 16. Jahrhundert) und Osnabrück-Eversburg (gegründet 1925) wurden im Zuge des allgemeinen Rückganges der Pferdezucht nach dem II. Weltkrieg 1960/1961 aufgelöst. Die Hengstbestände wurden in stark reduzierter Zahl dem Landgestüt Celle eingegliedert. Während um 1940 die Zahl der eingetragenen Zuchtpferde in Hannover 580 Landbeschäler und 34000 Mutterstuten umfaßte, sank ihre Zahl bis 1960 auf 150 Hengste und 7400 Stuten, um bis heute wieder anzusteigen auf 200 Hengste und 16800 Stuten. Die heute bedeutendsten noch bestehenden alten Blutlinien sind die der Hengste *Adeptus, Flingarth, Goldschaum* und *Devil's Own*. In der Zeit nach dem Zweiten Weltkrieg fand eine ausgedehnte Verwendung Englischer Vollblut- und Ostpreußischer Hengste in dem Umzüchtungsprozeß auf ein vielseitig verwendbares Reitpferdemodell statt. Bedeutendste Vertreter waren die Trakehner *Abglanz, Semper Idem* und *Lateran* sowie die Vollblüter *Marcio, Pic As* und *Der Löwe,* die eigene Linien begründen konnten. Von richtungsweisendem Einfluß auf die Entwicklung der Hannoverschen Zucht nach dem Kriege waren die seit 1949 in Verden veranstalteten jährlichen Frühjahrs- und Herbstauktionen. Richtungsweisenden Einfluß hatte auch das zunächst in der 1927 gegründeten Hengstleistungsprüfungsanstalt Westercelle, seit 1975 in der neuerrichteten Anstalt Adelheidsdorf abgehaltene 11monatige Training der dreijährigen Junghengste mit abschließender Prüfung auf Rittigkeit, Springanlagen, Grundgangarten, Härte, Charakter und Temperament etc. Das Hannoversche Zuchtprogramm ist ganz auf dieses als Mindestleistungsprüfung angelegte sogenannte „Adelheidsdorfer Modell" ausgerichtet. Der Hannoveraner wurde um 1965–70 von den deutschen Zuchtfunktionären unter dem Schlagwort „Standardtyp Hannover" allen deutschen Warmblut-Reitpferdezuchten als der anzustrebende Idealtyp hingestellt.

Hessisches Warmblut

Typ und Verwendung: Mittelschweres Warmblutpferd im Typ des Hannoveraners (s. d.); Zuchtziel „Deutsches Reitpferd".
Exterieur: s. Hannoveraner
Mechanik: s. Hannoveraner
Zuchtgebiete, Gestüte: Hessen; vereinigt heute die alten Zuchtgebiete Kurhessen und Hessen-Nassau; Landgestüt Dillenburg; Verband Hessischer Pferdezüchter e.V., Kassel.
Geschichtliches: Seit vorigem Jahrhundert bis etwa 1950 war die Pferdezucht Hessens weitgehend vom Kaltblut geprägt. Daneben bestanden die beiden kleinen Warmblutzuchten Kurhessen und Hessen-Nassau; kurhessische vor dem II. Weltkrieg m.o.w. auf Holsteiner Grundlage, hessen-nassauische Zucht zunächst auf oldenburgisch-ostfriesischer Basis begründet. Bis zu Beginn der sechziger Jahre durch die Hessische Gestütsverwaltung Favorisierung von Hengsten Oldenburger bzw. ostfriesischer Blutführung. 1962 Umstellung des Zuchtziels; planmäßige Veredlung der Zucht mit Hannoveraner, teils auch Trakehner Blut. 1972 Zusammenschluß beider Zuchtverbände zum Verband Hessischer Pferdezüchter e.V. und einheitliches, am „Deutschen Reitpferd" orientiertes Zuchtziel. Das Hessen-Nassauische Landgestüt Darmstadt wurde 1959 aufgelöst.

Himalaya Bergponys (ohne Fotos)

Die allgemeinen Charakteristika der Bergponys des Himalaya, deren Ursprung mongolisch ist, sind im gesamten Himalaya-Gebiet und dem Hochland von Zentralasien ähnlich. Zwei spezifische Rassen: Bhutia und Spiti.

Bhutia Pony

Typ und Verwendung: Gebirgspony des Himalaya; etwas größer als Spiti; typmäßig ähnlich. Trittsicher, hart, ausdauernd, genügsam. Nicht ganz einfach in Temperament und Charakter. Vor allem zum Reiten und als Tragtier verwendet. Drei deutlich voneinander unterschiedene Typen: Thangan, Verwendung meist als Zug- und Reitpferd in der Ebene; Chyanta, Reitpferd der Pässe des Hochgebirges; Tattu, Saumtier.
Exterieur: Einfluß des Mongolen- bzw. des tibetanischen Ponys unverkennbar. Kurze Ohren, tiefangesetzter, dicker Hals, kurze, kräftige Gliedmaßen mit runden, harten Hufen; oft Schimmel; Thangan, Größe ca. 132–142 cm, schwerster, kräftigster Typ; Chyanta, Größe ca. 122–132 cm Stockmaß, mittlerer Typ; Tattu, Größe 112–122 cm, kleinster, leichtester Typ.
Mechanik: Kurzer, fleißiger Schritt und Trab mit Knieaktion, trittsicher.
Zuchtgebiete, Gestüte: In Teilen Nepals und dem Gebiet zwischen Punjab und Darjeeling gezüchtet von den Bhutias, einem in Bhutan, Sikkim und Nepal lebenden, tibetanischen Volksstamm.
Geschichtliches: Hervorgegangen aus mongolischem und tibetanischem Pony unter Einfluß des Gebirgsmilieus. Mit Bergponys des zentralasiatischen Gebirgsmassivs verwandt.

Spiti

Typ und Verwendung: Bergpony des indischen Himalaya-Gebietes, genügsam, ausdauernd; gedeiht nur in kalten Hochgebirgsregionen; trotz entbehrungsreichen Lebens voll Temperament und Humor, unermüdlich und unverwüstlich als Säumer und Reitpferd.
Exterieur: Klein, gepackt, intelligenter Kopf, kurze, spitze Ohren; starker, kurzer Rücken; kurze Beine mit kräftigen Knochen; harte, schmale Hufe; Hals kurz mit leichtem Übergang zum Kopf; kräftige, steil gelagerte Schulter; mächtig bemuskelte Kruppe; Farbe oft Schimmel oder eisengrau; Größe ca. 120–125 cm Stockmaß.
Mechanik: Kurzer, fleißiger Schritt und Trab mit Knieaktion, trittsicher.
Zuchtgebiete, Gestüte: Benannt nach Spiti-Höhenzug (gebirgige Region des Kangra-Distrikts zwischen Kulu und dem Zentralmassiv des Himalaya), dem Hauptgebiet seines Vorkommens. Zucht fast ausschließlich in der Hand eines Bergstammes, der Kanyats. Züchter besitzen meist 2–3, selten mehr als 6 Stuten. Starke Inzucht, um Widerristhöhe niedrig zu halten.
Geschichtliches: Hervorgegangen aus dem Mongolen- und dem tibetanischen Pony unter dem Einfluß des harten Bergklimas.

Holsteiner

Typ und Verwendung: Seit Jahrhunderten das Allzweckpferd Deutschlands; ursprünglich leichterer, doch kräftiger Karossier, zugleich als Reitpferd geeignet, seit den dreißiger Jahren außerordentlich veranlagtes Sportpferd für alle Disziplinen des Turniersports. Durch die konsequente Veredlung mit Englischem Vollblut heute reiner Reitpferdetyp entsprechend Trakehner, Hannoveraner oder Westfale; gute Manieren, einwandfreier Charakter.

Exterieur: Edles, großrahmiges, dabei wuchtiges, tiefes, breites Pferd; edler Kopf mit geradem Profil, ausdrucksvoll, mit lebhaften Augen, großen Nüstern und beweglichen Ohren; langer, hoch aufgesetzter Hals; kräftiger, manchmal etwas langer Rücken und weiche („offene") Nierenpartie; lange, gut bemuskelte Kruppe; breite Brust, lange, gut gelagerte Schulter; nicht immer genügend Hinterrippe; korrekte Gliedmaßen mit soliden, klaren Sehnen und Gelenken; große, runde, gesunde Hufe; Farben von hell- bis schwarzbraun, Schimmel häufig, Füchse selten; Größe 165–175 cm Stockmaß.

Mechanik: Langer Schritt; geräumiger, schwungvoller, energischer Trab mit ziemlich hoher Aktion; elastischer, raumgreifender Galopp; überdurchschnittliche Springanlagen.

Zuchtgebiete, Gestüte: Deutschland: Holstein, Kernzuchtgebiet vor allem Elbmarschen und Dithmarschen; Zucht völlig in privater bäuerlicher Hand. Neben Privathengsthaltung verbandseigenes Hengstdepot in Elmshorn mit ca. 50 Hengsten. Als Holsteiner gelten alle Pferde, die beim Holsteiner Verband eingetragen sind und den Holsteiner Nummernbrand tragen. Züchtervereinigung: Verband der Züchter des Holsteiner Pferdes e.V., Elmshorn. Bedeutendstes Nachzuchtgebiet in Dänemark, im südlichen Jütland (Nordschleswig). Mehr oder weniger ausgedehnte Verwendung von Holsteiner Hengsten in den Niederlanden, der Schweiz, sporadischer auch in Westfalen, Rheinland, Baden-Württemberg, Pfalz, Schweden, UdSSR, USA, Argentinien, Australien.

Geschichtliches: Bereits im Frühmittelalter blühende Pferdezucht in Holstein, in deren Mittelpunkt das Klostergestüt Ütersen stand. Nach der Reformation und der Säkularisierung der Klostergüter Einführung spanischer Hengste, deren Einfluß der Holsteiner die lange als charakteristisch geltende hohe Knieaktion und Ramsnase verdankte. Im 17./18. Jahrhundert hohe Blüte des Holsteiners, der damals zum Stammvater einer Reihe bedeutender Zuchten wurde: so z.B. Begründung der Gestüte Celle, Dillenburg, Córdoba etc. mit Holsteiner Hengsten. Starker Niedergang der Zucht zu Beginn des 19. Jahrhunderts unter dem Einfluß der Napoleonischen Kriege. Um 1830–1850 Wiederaufbau mit Hilfe importierter Yorkshire Coach Halbblutsowie einiger Englischer Vollbluthengste und erneutes starkes Aufblühen der Zucht bis in die sechziger Jahre. Erhebliche Förderung durch die dänische Krone mit Hilfe der sogenannten königlichen Prämien und Goldmedaillen seit 1786. Nach der Annexion Schleswig-Holsteins durch Preußen Gründung des Landgestüts Traventhal 1868 und Neuorganisation der bis dahin in bäuerlicher Hand befindlichen Zucht und Hengstkörung durch die Preußische Gestütsverwaltung. Um 1885/1890 Gründung des Holsteiner Verbandes und des verbandseigenen Hengstdepots als Abwehrmaßnahmen gegen die durch die im Landgestüt stationierten ostpreußischen, hannoverschen und oldenburgischen Hengste drohende Überfremdung der bodenständigen Zucht. 1927 kam es als Folge der Weltwirtschaftskrise und des allgemeinen Rückgangs der Pferdezucht nach dem I. Weltkrieg, wodurch der Holsteiner Verband in erhebliche Schwierigkeiten geraten war, zur Übernahme des verbandseigenen Hengstdepots durch den Staat, d. h. durch das Landgestüt Traventhal. 1935 zwangsweiser Zusammenschluß des Marsch- und des Geestverbandes zum heutigen Verband der Züchter des Holsteiner Pferdes. – Einzige Warmblutzucht, die nach dem II. Weltkrieg und der Umorientierung des Zuchtziels auf ein ausschließlich sportlich genutztes Leistungspferd den dafür notwendigen Umzüchtungsprozeß fast ausschließlich mit Englischem Vollblut, vor allem anglo-irischer Provenienz, durchführte. Von den bis zur Auflösung Traventhals und der Wiederübernahme des Hengstbestandes durch den Zuchtverband 1960 noch vorhandenen alten Hengstlinien *Achill, Adjutant, Ethelbert* ist heute nur noch die *Achill*-Linie im Mannesstamm erhalten. Die wichtigsten Veredlerhengste, die eigene Linien begründen konnten, waren *Cottage Son xx, Manometer xx, Ladykiller xx, Marlon xx* und der polnische Anglo-Araber *Ramzes.* Die in der Züchterschaft sehr umstrittene Einkreuzung von Anglo-Normänner Halbblut, vor allem über den SF-Hengst *Cor de la Bryère,* seit 1972, wurde ab 1986 stark eingeschränkt. Seit den dreißiger Jahren bis heute lieferte Holstein proportional zu seiner Stutenzahl die meisten erfolgreichen Turnierpferde Deutschlands in allen Disziplinen.

Hunter

Typ und Verwendung: Bedeutendes, großrahmiges Reitpferd, oft überragende Springanlagen; große Tragkraft; energisch, schnell, ausdauernd, robuste Konstitution; das Jagdpferd „par excellence". Keine eigene Rasse, sondern im allgemeinen Kreuzung Englischer Vollbluthengste mit mehr oder weniger hoch im Blut stehenden Stuten des jeweiligen Landschlages: in England Cleveland Bay, Suffolk etc.; in Irland Irish Draught; also Halbblut im eigentlichen Sinne.

Exterieur: Großrahmig, lange Linien; muskulös; hervorragende Schulter-Widerristformierung; oft abgeschlagene Kruppe; Größe unterschiedlich; selten unter 165 cm Stockmaß; Typeinteilung nach Kaliberindex in Lightweight-, Middleweight- und Heavyweight-Hunter.

Mechanik: Raumgreifender Schritt; bodendeckender, ausdauernder Galopp; überdurchschnittliches Springvermögen.

Zuchtgebiete, Gestüte: Überall in der angelsächsischen Welt, besonders in England und Irland; Kontrolle durch die „Hunter's Improvement and National Light Horse Breeding Society"; bedeutende Zuchten auch in Südafrika, Australien, Neuseeland und Kanada.

Kreuzungen zwischen Vollblut und Landschlag eigentlich seit Entstehung der Englischen Vollblutrasse. Faustregel: Kreuzung Vollbluthengst mal Kaltblut- oder Draughtstute ergibt Schwergewichts-Hunter, Vollbluthengst mal Halbblutstute Mittelgewichts-Hunter, Vollbluthengst mal Dreiviertelblutstute Leichtgewichts-Hunter. In jüngster Zeit erhebliche Probleme, geeignete, schwere Stuten für F_1-Paarung zu finden.

Huzule

Typ und Verwendung: Trittsichere, ausdauernde, harte Gebirgsponys, genügsam, als Tragtier und Säumer unübertroffen; auch als Wagen- und Reitpferd (Freizeit- bzw. Robustpferd) verwendet; äußerst handlich und umgänglich. Übliches Arbeitspferd auf tausenden von Berghöfen im südlichen Polen, den gesamten Karpaten und vor allem in Rumänien und dem angrenzenden Teil der UdSSR.

Exterieur: Orientalisch anmutender, edler Kopf; schöne Rückenlinie; gute Rippenwölbung; kräftig entwickelte, breite Hinterhand; trockene, breite Röhren; gut markierte Sehnen und Gelenke; kurze, gesunde, sehr harte, kleine Hufe; Farben braun, dunkelbraun, Falb; Größe ca. 125–138 cm Stockmaß.

Mechanik: Außerordentlich trittsichere, zugleich auch raumgreifende Bewegungen, besonders im Schritt und Trab.

Zuchtgebiete, Gestüte: Rumänien: Bukowina, Karpaten, Gestüt Luczina bei Radautz sowie Polen und UdSSR; rein bäuerliche Zucht.

Geschichtliches: Vermutlich autochthone Rasse, tatsächliche Herkunft unbekannt. Seit Ende des vorigen Jahrhunderts abgesehen von geringer Einkreuzung orientalischen Blutes systematisch rein gezüchtet. Das Stammzuchtgebiet, die sogenannte Huzulei in den „Wald"-Karpaten, bis 1918 zur Österreichisch-Ungarischen Donaumonarchie gehörig, fiel nach dem I. Weltkrieg an Rumänien; heute ist es zwischen Rumänien und UdSSR geteilt.

Indonesische Ponys (ohne Fotos)

Typ und Verwendung: Im Ponytyp stehende Kleinpferde des Indonesischen Archipels chinesisch-mongolischer bzw. persisch-arabischer Abstammung. Variieren von Insel zu Insel etwas im Typ. Verwendung zum Reiten, als Packpferd sowie vor dem leichten „Sado" (zweirädriger Karren).

Exterieur (allgemein): Kopf meist unedel mit gerader Nasenlinie; kurzer Hals; steile Schulter; langer Rücken; kurze Kruppe; kurze, kräftige Gliedmaßen; gutgeformte, harte Hufe; oft inkorrekte Stellung der Vordergliedmaßen und säbelbeinige Stellung der Hintergliedmaßen; alle Grundfarben, Schecken nicht selten; Größe 110 bis max. 140 cm Stockmaß.

Besonderheiten der einzelnen Rassen:

Batak Pony (Batta, Baduk, Deli Pony – auf Sumatra): Ziemlich schwerer Kopf; starke Ganaschen; kurzer, dicker Hals; insgesamt etwas schwere Vorderhand; kräftiger, gedrungener Körperbau; gerader Rücken; kurze, dachförmig abfallende Kruppe; hoher Schweifansatz; hartes Fundament; oft Schecken; Größe 120–135 cm Stockmaß; gute Bewegungen; in jüngster Zeit mit Araberblut planmäßig veredelt.

Balipony (auf Bali): Eher primitiv, vom Mongolen beeinflußter Typ, oft mausfalb, Aalstrich, schwarze Flecken; ca. 122–135 cm Stockmaß; kräftiger Arbeitspony, oft als Packpferd gebraucht.

Flores Pony (auf Flores): Zwei Typen: Manggarai – meist breiter, schwerer Kopf; schwerer, gerader Hals; gutausgeprägte Widerristpartie, steile Schulter, massiver Rumpf; starkes Fundament; Größe ca. 122 cm Stockmaß; Ngada – edler, leichter; noblerer Kopf; feineres Fundament; etwas größer.

Java Pony (auf Java): Wenig ansprechendes Exterieur; knochig; oft unterständig vorn, säbelbeinig hinten; etwas größer als Ponys der anderen großen Sunda Inseln; durchschnittliche Größe 125–127 cm Stockmaß; wichtigste und zahlreichste Ponyrasse der Inseln, in jüngster Zeit stark vom Sandelholzpony beeinflußt; im Tropenklima enorm leistungsbereit und leistungsstark; Verwendung meist vor dem zweirädrigen „Sado".

Sandelholzpony (Soemba, Sumba Pony, auf den kleinen Sunda Inseln): Edler als übrige Indonesische Ponys; Gesamteindruck: ausgesprochenes „Blutpferd"; meist hübscher, trockener Kopf; arabisiert; schönes Auge; kurze Ohren; schön geformter und getragener Hals; insgesamt sehr gute Front; kurze Kruppe mit hohem Schweifansatz; stahlhartes Fundament und Hufe; feines, seidiges Haar; Größe 125–130 cm Stockmaß; edelste Ponyrasse Indonesiens; Verwendung auch für Rennen (ohne Sattel, Distanzen von 4000–5000 m). Besonderer Typ zum „Tanzen" dressiert, einer Art Piaffe, bei der an die Beine gebundene Glöckchen zum Klingen gebracht werden.

Timorpony (auf Timor): Tief, breit; breite Kruppe; kräftige Gliedmaßen; Farbe meist dunkelbraun, teils schokoladenfarbig mit cremefarbenen Flecken und Langhaar; Größe um 122 cm Stockmaß; flink, ausdauernd, trittsicher. „Cowboypferd" der papuanischen Mischbevölkerung.

Geschichtliches: Alle indonesischen Ponys stammen von Pferden, die entweder aus dem chinesisch-mongolischen oder persisch-arabischen Handelsbereich auf die Inseln gelangten. 17./18. Jahrhundert durch Niederländisch-Ostindische Kompanie Einfuhr von Pferden aus Arabien, die mit vorhergehenden Importen zum Inselpony verschmolzen.

Irish Draught Horse

Typ und Verwendung: Harter, trockener Warmblüter; auf der Grenze zum Kaltblut. Kreuzung mit Vollblut zur Erzeugung des irischen Halbblut-Hunters. Leistungsfähiges Wirtschaftspferd.

Exterieur: Breit, tief, muskulös; langer, gut angesetzter Hals; gute Sattellage; ausgezeichnete Schulter; oft langer Rücken; breite, abschüssige, nicht immer ganz gut herangeschlossene Kruppe; harte, stabile Gliedmaßen mit recht stark ausgebildeten Kötenzöpfen, die Kaltblutanteil vermuten lassen; kräftige, klare Sehnen und Gelenke; große, runde, flache Hufe; vorherrschende Farben: Schimmel, Braun, Füchse sehr selten; Größe 160 bis 170 cm Stockmaß.

Mechanik: Energische, fördernde Bewegungen in allen drei Gangarten; hervorragendes Springtalent.

Zuchtgebiete, Gestüte: Freistaat Irland, ausschließlich Privatzucht; Zuchtverbände: Irish Horse Board und Irish Horse Breeders Society, Dublin.

Geschichtliches: Einzige bodenständige Großpferdrasse Irlands. An Entstehung außer heimischer Urrasse wahrscheinlich Connemara, spanische Pferde und altenglisches Warmblut beteiligt. Im 19. Jahrhundert auch Kaltblut-Einfluß.

1917 Einrichtung eines Stutbuches, in das nur Pferde mit eindeutigem Warmblutcharakter aufgenommen wurden. Drei Stammhengste: *Sir John, Sir Harry, Kildare.* Draught Horse Ausgangsbasis zur Erzüchtung des berühmten Irischen Hunters. Heute fast ausschließlich auf die Zucht von Sportpferden ausgerichtet. Draught Hengst *Nabocklish* durch seinen Sohn *Schlütter* Stammvater einer der wichtigsten Hannoverschen Hengstlinien der Vergangenheit.

Island Pferd, Island Pony

<u>Typ und Verwendung:</u> Gebirgspferd, typmäßig auf der Grenze zum Kaltblut; genügsam, widerstandsfähig gegen extreme Witterungsunbilden; spätreif, fruchtbar bis ins hohe Alter, langlebig; ausdauernd als Reitpferd und Säumer in unwegsamem Gelände; gutmütiges Temperament; auf Island auch als Schlachttier verwendet.

<u>Exterieur:</u> Zwei Typen: Edlerer mit teils relativ noblem Kopf, weniger edler mit oft großem unedlem Kopf mit Ramsnase; kurze, spitze Ohren; kurzer, oft tiefangesetzter Hals, stark ausgeprägte, u. U. teilweise aufrechtstehende Mähne; im Winter „Geißbart"; untersetzter, gepackter Körperbau; abschüssige Kruppe mit tiefangesetztem Schweif; kurze, starke Gliedmaßen; oft zehenweite Stellung vorn; kurze, kräftige Fesselung; hervorragend harte Hufe; rauhes, dichtes Haarkleid; große Farbvielfalt: ca. 40% Rappen und Dunkelbraune, 20% Füchse (oft mit hellem Langhaar und Abzeichen), 10% Schimmel, 10% Falben in zahlreichen Farbspielarten; seltener Isabellen, Schecken und Albinos; Größe zwischen 128 und 143 cm Stockmaß.

<u>Mechanik:</u> Fünf Gangarten: Schritt, Trab, Galopp, Paß und „Tölt" (zwischen Schritt und Trab mit außerordentlich schneller, paßartiger Fußfolge); große Trittsicherheit in unwegsamem Gelände; Springanlagen.

<u>Zuchtgebiete, Gestüte:</u> Island; Zucht in halbwilden Herden; Hengste privat gehalten, laufen frei in der Herde; staatliche Zuchtbuchführung, Sitz Reykjavik; zahlreiche Nachzuchten in Europa und Übersee.

114

Geschichtliches: Nach Überlieferung von Pferden abstammend, die um 941 mit ersten Einwanderern nach Island kamen; wahrscheinlich teils irische und schottische, teils norwegische Ponys. Nach alten Skelettfunden ursprünglich etwas größer als heute. Hat offensichtlich durch harte Selektion unter extremen Klima- und Weidebedingungen heutigen Typ erlangt. Seit ca. 800 Jahren keine fremde Blutzufuhr nach Island. Nach dem II. Weltkrieg Export von über 10 000 Islandpferden in alle Welt, wo sie die Welle der Robustpferde-Freizeitreiterei einleiteten.

Italienisches Kaltblut

Typ und Verwendung: Mittelschweres kaltblütiges Arbeitspferd; gängig, energisch; heute hauptsächlich Schlachttier.
Exterieur: Recht edler Kopf; breiter, kurzer Hals; kurzes Mittelstück; tief, breit; trockenes Fundament; geringer Behang; Farben: Dunkelfuchs mit hellem Langhaar, Fuchs und Fuchsschimmel, Größe 152–162 cm Stockmaß.
Mechanik: Raumgreifende Bewegungen in Schritt und Trab.
Zuchtgebiete, Gestüte: Nördliches und mittleres Italien, Zuchtschwerpunkt um Venedig.
Geschichtliches: Entstanden auf bretonischer Grundlage, ehemals meistverbreitetes Arbeitspferd Italiens; jährliche Leistungsprüfung des Zuchtmaterials im Alter von 2½ Jahren in Verona; in jüngster Zeit hauptsächlich Schlachtfohlenproduktion.

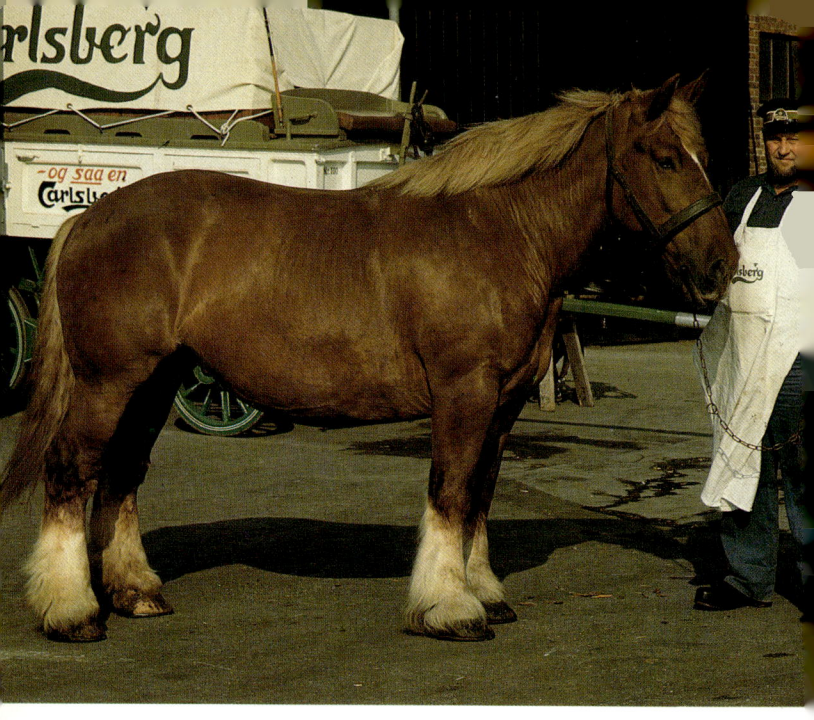

Jütisches Kaltblut

Typ und Verwendung: Kräftiges, ausdauerndes, mittelgroßes, nicht zu schweres kaltblütiges Arbeitspferd; beliebtes Brauereipferd; frommes, gutartiges Temperament; frühreif.

Exterieur: Kurzer Kopf mit breiter Stirn; Hals kurz und ziemlich schwer; Brust breit; kräftiger, kurzer Rücken; gut bemuskelte Schulter; tonnige Rippenwölbung; breite, muskulöse Nierenpartie; Kruppe breit, abschüssig; vier kräftige, kurze Gliedmaßen; geringer Kötenbehang; große, runde Hufe; im ganzen gepacktes, gedrungenes, kraftstrotzendes Pferd mit schöner Oberlinie; Farbe meist Fuchs in allen Schattierungen, Schimmel, Rappen und Braune seltener; Größe 155–160 cm Stockmaß.

Mechanik: Geräumiger, freier, fördernder Schritt; raumgreifende, energische Aktion im Trab; vorn manchmal etwas bügelnd.

Zuchtgebiete, Gestüte: Jütland. Zucht ausschließlich in bäuerlicher Hand.

Geschichtliches: Rasse in der Nordfriesischen Marsch bodenständig, schon zur Römerzeit erwähnt. Im Mittelalter schweres Turnierpferd. Seit dem vorigen Jahrhundert Einkreuzung von fremdem Blut. Fuchsfarbe geht wahrscheinlich auf Suffolk-Einfluß zurück. Bedeutendste Linienbegründer *Prins af Jylland* und *Høvding,* beide über *Aldrup Munkedal – Munkedal* auf Suffolk-Hengst *Oppenheim LXII* zurückgehend. Heute vom Aussterben bedroht.

Kabardiner

<u>Typ und Verwendung:</u> Kaukasische Gebirgsrasse (heute die beste Gebirgs-rasse der UdSSR); Reitpferd und Saumtier im unwegsamen Gebirge; hart, ausdauernd, langlebig, sehr fruchtbar; drei Typen: Grundtyp, leichter Typ (östliche Gebiete), schwerer Typ.

<u>Exterieur:</u> Trockener Kopf, oft mit leicht gewölbter Stirn-Nasenlinie; spitze, große Ohren, hoch und gerade gestellt; nicht zu kurzer Rücken; abschüssige Kruppe; Gliedmaßen trocken und kräftig bemuskelt; häufig säbelbeinige Hintergliedmaßen; korrekte Hufe aus festem Horn; schön angesetzter, stark behaarter Schweif; Farben meist braun, seltener Fuchs, Rappe oder Schim-mel; durchschnittliche Größe: Hengste 153, Stuten 150 cm Stockmaß.

<u>Mechanik:</u> Vorzüglicher Schritt; sehr trittsicher.

<u>Zuchtgebiete, Gestüte:</u> UdSSR: Kaukasusgebiet, Gegend von Krasnodar, Stawropol; Kabardinisch-Balkaische Republik; Hauptgestüte Malokarat-schajewskoje und Malkinskoje; Haltung in Herden.

<u>Geschichtliches:</u> Geht ursprünglich auf das alte Tscherkessenpferd zurück, das vermutlich persische und arabische Vorfahren besaß; der moderne Ka-bardiner ist Kreuzungsprodukt von Pferden der südlichen Gruppe (Perser, Karabagh, Araber) mit Nogaier und östlichen Steppenpferdrassen, wie Mon-golenpferd. Seit der Revolution ständig verbessert; Einkreuzung von Engli-schem Vollblut um Stawropol ergibt den für Sportzwecke geeigneten Anglo-Kabardiner, einen vielseitig geeigneten Reitpferdetyp.

Karabagh

<u>Typ und Verwendung:</u> Steppenpferdrasse, edel, harmonisch, elegant; orientalischen Einfluß verratend; ausdauerndes, leistungsfähiges Reitpferd; angenehmes Wesen; feuriges, doch frommes Temperament; besonders gut geeignet für Distanzritte und im Gebirge sowie die kaukasischen Reiterspiele „Chavgan" und „Surpanakh".

<u>Exterieur:</u> Edler orientalisierter Kopf mit geradem oder konkavem Profil, breite Stirn, große lebhafte Augen; kleine, spitze Ohren; kurze Maulspalte; schön geschwungener, nicht sehr langer Hals; ausgeprägter Widerrist; muskulöser, kräftiger Rücken; gutgestellte, trockene Gliedmaßen; feste, dauerhafte Hufe; fein behaartes Fell mit goldglänzendem Schimmer; Farben Fuchs, Dunkelbraun, Falb; Größe ca. 150–155 cm Stockmaß.

<u>Mechanik:</u> Geschmeidige Grundgangarten, vorzügliches Galoppiervermögen; trittsicher; Springanlagen, teils Anlage zu Paßgang.

<u>Zuchtgebiete, Gestüte:</u> UdSSR, Südhang des Kaukasus, Hochland von Karabagh; Staatsgestüt Agdam in Aserbaidschan; Herdenhaltung.

<u>Geschichtliches:</u> Entstanden im 7./8. Jahrhundert auf Grundlage bodenständiger Rasse durch Einkreuzung persischer und turkmenischer, später arabischer Pferde. Großer Einfluß zur Zarenzeit auf Pferdezuchten in Transkaukasien, am Don, in der Ukraine und Polen. Persischer Einfall ins Gouvernement Baku 1826 fügte der Zucht großen Schaden zu. Maßgeblicher Anteil an der Entstehung des Donpferdes und des iranischen Karadagh.

Karabaier

Typ und Verwendung: Mittelasiatisches Gebirgspferd; klein; orientalischer Typ; kompakt, knochig; grobe, feste Konstitution; gute Leistung unter heißen, trockenen Klimabedingungen; Nutzung als Reitpferd, Säumer und im Gespann. Drei Typen: 1. Reit/Gespann-Typ, ziemlich stabil, massig, harmonisches Gebäude. 2. Reit-Typ, etwas leichter, gedrungen, feste Konstitution, in lokalen Rennen geprüft und für Reiterspiel Kok-par verwendet. 3. Gespann-Typ, Zugpferd für „Arba" (zweirädriger Karren); gestrecktes Gebäude mit festem Rücken.

Exterieur: Kopf von mittlerer Größe; gerades Profil, ziemlich rassig; Ohren mittel bis lang, breit gestellt, Augen groß, lebhaft; Hals massiv, nicht lang; Rücken kurz; stabile Nierenpartie; Brust breit; Kruppe mächtig und breit; Gliedmaßen knochig mit festen Sehnen; Hinterbeine oft säbelbeinig; kleine, harte, feste Hufe; Haut zart mit hervortretenden Blutgefäßen; Mähne und Schweif spärlich behaart; häufigste Farben Schimmel, braun und Fuchs. Größe: Hengste ca. 152 cm, Stuten 148 cm Stockmaß.

Mechanik: Schwungvolle, leichte Bewegungen in allen Gangarten.

Zuchtgebiete, Gestüte: UdSSR: Usbekistan; Gestüt Dshisak bei Samarkand; eigenes Stutbuch.

Geschichtliches: Im 18. Jahrhundert weithin berühmt wegen seiner Zähigkeit und Härte. Von Usbeken aus bodenständigen Urrassen entwickelt durch Einkreuzung mittelasiatischer Rassen und Selektion auf Reit- und Zugpferdeigenschaften. Im 19. Jahrhundert starker Einfluß arabischen Blutes.

Kasack

Typ und Verwendung: Steppenpferdtyp, ausdauernd, hart, robust, genügsam; unempfindlich gegen Witterungsunbilden und Temperaturschwankungen bis zu 70 °C; Reitpferd für große Distanzen, Hirtenpferd der Rinderhirten; verwendet auch für nationale Reiterspiele; Stuten gemolken für Kumyßbereitung. Teils auch Schlachtfohlenproduktion. Zwei Typen: Dzbaye-Typ, etwas massiger, mehr dem mongolischen Pferd ähnlich, und Adajewski-Typ, leichter und arabisch beeinflußt.

Exterieur: Recht nobler Kopf; im allgemeinen etwas tief angesetzter Hals; tiefer, langgestreckter Körper; eisenharte Hufe; alle Grundfarben, dazu auch Falben, Schecken, Tiger; Größe um 143 cm Stockmaß.

Mechanik: Leichte, fördernde Grundgangarten, teils Anlage zum Tölt, sehr trittsicher.

Zuchtgebiete, Gestüte: UdSSR, Kolchosen im Gebiet von Kasachstan; Staatsgestüt Mugodzhar, Herdenhaltung.

Geschichtliches: Archäologische Ausgrabungen alter Grabstätten zeigen, daß bereits im 6./7. Jahrhundert ein fast identisches Pferd in Kasachstan gezüchtet wurde. Zucht seit Jahrhunderten weitgehend von Klima und Herdenhaltung bestimmt. Kasack heute vielfach mit anderen Rassen gekreuzt zur Erzielung bestimmter Gebrauchstypen, z. B. mit Englischem Vollblut, Akhal Tekkiner, Donpferd, Kaltblut. Staatsgestüt Mugodzhar hat großen Einfluß auf die Zucht.

Kaspischer Pony

Typ und Verwendung: Kleiner, pferdeartiger, hochnobler Pony, einem Miniatur-Araber vergleichbar; sicher im Gebirge, schnell und ausdauernd; Verwendung unter dem Sattel und vor dem leichten Wagen; ruhiges, freundliches Wesen; gelehrig, intelligent.

Exterieur: Arabisierter, spitzzulaufender Kopf mit konkavem Profil und breiter Stirn; große, lebhafte Augen; kurze, spitze Mausohren; gutgeformter, schöngetragener Hals, kurzer Rücken; gerade Kruppe mit hohem Schweifansatz; Mähne und Schweif dicht und seidig behaart; trockenes, hartes Fundament mit kleinen, schmalen, harten Hufen; Farbe meist braun, dunkelbraun, teils Schimmel, weiße Abzeichen; Größe 100–122 cm Stockmaß.

Mechanik: Leichte, fördernde Grundgangarten, sehr trittsicher.

Zuchtgebiete, Gestüte: Nordpersien, nahe dem Kaspi-See.

Geschichtliches: Von verschiedenen Forschern als der „Uraraber" angesehen, wie er bereits auf ägyptischen Wandbildern dargestellt worden ist. Seine Verwendung im Zweistromland ist für das Ende des 2. Jahrtausends v. Chr. nachgewiesen, ebenso bei den Achämeniden und Sassaniden vom 5. Jahrhundert v. Chr. bis zum 7. Jahrhundert n. Chr. 1965 wurde die Rasse bei Bergbauern in der Gegend von Kalar Dashtin, Nordpersien, an den Nordhängen des Elbursgebirge wiederentdeckt, wohin sie irgendwann in den letzten tausend Jahren aus Kermansha, ihrer einstigen Urheimat, mit von dort vertriebenen aufsässigen Stämmen gelangt war.

Kladruber

Typ und Verwendung: Großer, starker, eleganter Karossier; Kutsch- und Wirtschaftspferd; stolze Haltung; feuriges Temperament, gutartiger Charakter; ehemals Galakutsch- und Paradepferd des kaiserlichen Hofes zu Wien; spätreif, sehr langlebig.

Exterieur: Großer, langer Kopf mit breiter Stirn und ungewöhnlich stark gewölbter Ramsnase; große, hervortretende Augen mit viel Weiß; gewaltiger, stark aufgerichteter Hals, etwas nach vorn herausgewölbt; Widerrist kurz, niedrig, abgerundet; Rücken lang, oft weich; breite, gerade, kurze Kruppe; Schweif hoch angesetzt und getragen; Schulter ziemlich steil, doch gut bemuskelt; kräftig bemuskelte Gliedmaßen; starke, trockene Röhren, Sehnen und Gelenke; lange Fesselung; Hufe groß und steil; Farben ausschließlich Schimmel und Rappen; Größe 170–180 cm Stockmaß und darüber.

Mechanik: Schritt kurz, schreitend; Trab kurz, stampfend, mit hoher Aktion; Galopp schwerfällig.

Zuchtgebiete, Gestüte: Tschechoslowakei. Nach Farben getrennt gezüchtet: Schimmel – Gestüt Kladrub; Rappen – Gestüt Slatinany.

Geschichtliches: Errichtung des Hofgestüts Kladrub 1572. Stammvater der heutigen Schimmellinie 1764 italienischer Pepolihengst, dessen Enkel *Generale* dem Kladruber Schimmelstamm den Namen gab. Begründer der Rapplinie 1799 eingeführter Hengst *Sacramoso* der spanisch-italienischen Polesinarasse. Während der Monarchie gingen alle Pferde des Gestüts als Galapferde an den kaiserlichen Marstall nach Wien. Heute stark eingeschränkte Weiterzucht in vier Stämmen: *Generale, Generalissimus, Sacramoso, Favory.*

Knabstrupper

Typ und Verwendung: Dem Frederiksborger in Typ und Kaliber nahe (s. d.); beliebt als elegantes Kutschpferd, für den Zirkus, als Voltigierpferd sowie für sonstige Spezialzwecke.

Exterieur: s. Frederiksborger. Rassetypische Tigerscheckung; ziemlich regelmäßige über den ganzen Körper verteilte braune, rote und schwarze Flecken, teils auch zweifarbige Flecke, bei denen eine Farbe wie ein Ring um die andere liegt, sowie Schabrackenscheckung wie Appaloosa; oft Glasaugen.

Mechanik: s. Frederiksborger.

Zuchtgebiete, Gestüte: Dänemark, vor allem Seeland.

Geschichtliches: Zucht um 1800 von Major Lunn auf Knabstrup begründet. Färbung geht auf die Mutter des eigentlichen Stammhengstes der Zucht, *Flaebe-Hingsten,* zurück, die Lunn 1812 von Schlachter Flaebe erwarb; sie war mit dem Adjutanten einer spanischen Infanterie-Division ins Land gekommen, die bei der Kapitulation der Napoleonischen Armee 1808 in Roskilde in Gefangenschaft geriet. Abstammung der Stute unbekannt; sie war Dunkelfuchsscheck mit weißer Mähne und Schweif. Einst sehr beliebte Rasse, in unserem Jahrhundert stark zurückgegangen. Seit kurzem eigener Zuchtverband, der sich die Rettung des Knabstruppers zur Aufgabe gestellt hat. 1978 erster Band des „Körregisters für Knabstrupper Pferde" erschienen.

Konik, Mierzyn, Panjepferd

<u>Typ und Verwendung:</u> Primitiver, tarpanähnlicher Landschlag; zäh, wendig, genügsam, unvergleichliche Härte und Widerstandskraft; Aussehen und Temperament urtümlich; manchmal bösartiger Charakter; verschiedene autochthone Ponys Polens unter dem Sammelnamen Konik zusammengefaßt. In beiden Weltkriegen in Deutschland unter dem Namen Panje-Pferd bekannt geworden; auf der Grenze vom Pony zum Großpferd; Kleinheit wird, wie bei fast allen bodenständigen Landrassen, aufgewogen durch hervorragende Qualitäten wie Vitalität, Fruchtbarkeit und Leistungsfähigkeit; fast ausschließlich im Geschirr verwendet.

<u>Exterieur:</u> Leicht konkaves Profil; kurze Maulpartie; kleine, spitze Ohren; nicht sehr langer Hals; gestreckter Rumpf mit guter Rippenwölbung; abgeschlagene Kruppe mit tief angesetztem, vollem Schweif; widerstandsfähige Extremitäten mit trockenen, deutlich markierten Sehnen und Gelenken; kleine, zähe Hufe; Grundfärbung mausfalb mit Aalstrich und Zebrastreifung an den Beinen; im Winter dicker, wolliger Pelz, bei einigen Exemplaren im Winter Weißfärbung; Größe 125–135 cm Stockmaß.

<u>Mechanik:</u> Eifrige, fördernde Bewegungen in allen drei Gangarten, Galoppier- und Springvermögen.

<u>Zuchtgebiete, Gestüte:</u> Polen; Galizien, aber auch auf verschiedenen Staatsgestüten; Popielno in Ostpreußen, Racot bei Posen, Jerzewice bei Warschau, Urwald von Bialowiece.

Geschichtliches: Angeblich direkter Tarpannachkomme; der bodenständigen prähistorischen Urrassen nahe; orientalischer Einschlag, jedoch durch systematische Zucht wenig beeinflußt; der ostpreußischen Schweike, der Ausgangsrasse des Trakehners, nahestehend.

Landais Pony, Pony des Landes

Typ und Verwendung: Halbwild gehaltener Heidepony; mittelgroß, edel und leicht; hart, ausdauernd; williges, zuverlässiges Reit- und Arbeitspferd, gefragter Kinderpony.

Exterieur: Hübscher, edler, arabisierter Kopf; oft etwas tiefangesetzter Hals; breite, kräftige Brust; gut markierte Schulter-Widerristpartie, abgeschlagene Kruppe mit tiefem Schweifansatz; recht korrektes Fundament; Farben braun oder Schimmel; Größe 122 – max. 135 cm Stockmaß.

Mechanik: Fleißige, oft etwas kurze Bewegungen; Springanlagen.

Zuchtgebiete, Gestüte: Frankreich; Südwesten, Les Landes, von Pyrenäen und Atlantik begrenzte Heidelandschaft.

Geschichtliches: Der Sage nach auf Pferde zurückgehend, die den Mauren in der Schlacht von Tours und Poitiers (732 n. Chr.) entlaufen sein sollen, als sie von Karl Martell geschlagen wurden. Wahrscheinlich bodenständige Ponyrasse, die einen gewissen Anteil orientalischen Blutes führt.

Lipizzaner

<u>Typ und Verwendung</u>: Das Schulpferd par excellence; durch sowohl seine hohe Intelligenz, außerordentliche Gelehrigkeit und Lernwilligkeit, seinen durch und durch, ohne Vorbehalt anständigen Charakter, das fast völlige Fehlen von Hengstmanieren als auch durch sein Exterieur, besonders den angeborenen hohen Kniebug, vor allen anderen Rassen befähigt, die Lektionen der Hohen Schule „auf und über der Erde" zu erlernen; die Stuten auch als leichte, elegante Wagenpferde (Jucker) geeignet; ungarische und vor allem jugoslawische Lipizzaner hervorragend ausdauernde, genügsame Wirtschaftspferde; allgemein verhältnismäßig spätreif, erst mit ca. 7 Jahren ausgewachsen, sehr langlebig und fruchtbar.

<u>Exterieur</u>: Ausdrucksvoller, langgestreckter, trockener Kopf mit m.o.w. stark gebogener Ramsnase; große, lebhafte Augen; kurze, gut angesetzte Ohren; ziemlich hochaufgesetzter, starker, nicht sehr langer Hals; gedrungener, abgedrehter Körper; breite Brust; oft ein wenig steile Schulter; wenig ausgeprägter Widerrist; muskulöser, langer Rücken mit starker Nierenpartie; gerundete, stark bemuskelte Kruppe; gut angesetzter, schön getragener Schweif; Gliedmaßen kurz, trocken, stark mit deutlich markierten Sehnen und Gelenken; öfters verstellte Vorderhand; kaum erbliche Knochenleiden wie Spat, Hasenhacke etc.; kleine, harte, vorbildlich geformte Hufe; Schimmelfarbe dominierend (mit etwa 10 Jahren ausgefärbt), häufig mit Krötenmaul, doch kommen auch nach zahlreichen Schimmelgenerationen immer wieder einmal Dunkelbraune oder Rappen vor; ungarische und jugoslawische Lipiz-

zaner meist braun oder Rappe; Mähne und Schweif fein und dicht im Haar; Größe 157–160 cm Stockmaß.

Mechanik: Verhältnismäßig kurzer Schritt; elastischer Trab mit hoher Knieaktion, die zum berühmten „Spanischen Tritt" befähigt; Galopp wenig raumgreifend und relativ schwerfällig.

Zuchtgebiete, Gestüte: Stammgestüt Lipizza bei Triest, heute jugoslawisch. Österreich: Gestüt Piber bei Köflach, Steiermark. Ungarn: Gestüt Szilvásvárad im Bükkgebirge. Jugoslawien: außer dem Stammgestüt Gestütszuchten in Dakovo, Kroatien; Vućijak, Bosnien; Karadjordjevo, Serbien. Tschechoslowakei: Gestüt Topolčianky. Rumänien: Gestüt Sîmbăta de Jos bei Fogaras. Hengsthaltung in allen Ländern ausschließlich in Staatshand, Stutenhaltung in Jugoslawien überwiegend bäuerlich.

Geschichtliches: Die Lipizzanerrasse geht aus drei Wurzeln hervor: dem Spanischen (Andalusischen) Pferd, dem Karstpferd und dem Araber. Bei der Eroberung Granadas fiel Ferdinand von Aragon die gesamte, auf dem alten, schon in der Antike berühmten iberischen Pferd, dem Berber und dem Araber basierende Pferdezucht der Mauren in die Hände. Sie kam dem Bedürfnis jener Zeit nach einem leichten, beweglichen Kriegspferd entgegen, das das schwere Turnierroß der Ritter nach der Erfindung der Handfeuerwaffen abzulösen bestimmt war. Im Verlauf des 16./17. bis ins 18. Jahrhundert eroberte das Spanische Pferd ganz Europa sowie die von den Spaniern kolonisierten Gebiete Mittel- und Südamerikas. 1580 gründete Erzherzog Karl das Gestüt Lipizza bei Triest im Karst. Aus der Veredelung der bereits zur Römerzeit dort beheimateten relativ schweren Pferderasse, die dem Mittelalter als ritterliches Turnierpferd gedient hatte, entstanden mit Hilfe spanisch gezogener Hengste fünf der sechs Lipizzanerstämme des Stammgestüts: *Pluto, Conversano, Maestoso, Favory, Neapolitano.* Ein sechster Stamm wurde 1826 mit dem arabischen Hengst *Siglavi* begründet. Er trug stark orientalische Züge. Außerdem erhielten alle anderen Stämme außer dem Pluto-Stamm eine arabische Blutauffrischung. Der in Ungarn gezüchtete, nach dem aus Siebenbürgen stammenden Gründerhengst benannte Stamm *Incitato* und der auf einen Englischen Vollbluthengst gleichen Namens zurückgehende jugoslawische Stamm *Tulipan* sind meist dunkelfarbig. Sie erinnern am stärksten an den alten Karster und finden hauptsächlich in der Landwirtschaft Verwendung. Nach dem Zusammenbruch der österreichisch-ungarischen Donaumonarchie im I. Weltkrieg fiel das Stammgestüt Lipizza 1920 zunächst an Italien. Das verbliebene Rumpfland Österreich begründete eine kleine Lipizzanerzucht in Piber, Steiermark. Während des II. Weltkrieges und der Besetzung Österreichs und der ost- und südosteuropäischen Staaten durch deutsche Truppen wurden die Pferde sämtlicher bedeutenden Lipizzanergestüte dieser Länder in einem Gestüt, Hostau im Böhmerwald, vereinigt. Bei Kriegsende wurden die Hostauer Lipizzaner durch den amerikanischen General Patton dem Zugriff der russischen Truppen entzogen, ebenso wie der durch Oberst Podhajsky aus dem umkämpften Wien evakuierte Schulhengstbestand. – Seit Begründung der Spanischen Hofreitschule zu Wien 1735 durch Karl VI. findet ständig eine Prüfung der zur Zucht verwendeten Hengste, ursprünglich des Stammgestüts Lipizza und seit 1920 des Gestüts Piber, in den „Lectionen" der Hohen Schule statt. Nur die besten Hengste werden turnusmäßig zur Zucht verwendet.

Litauisches Kaltblut

Typ und Verwendung: Mittelschwerer, kaltblütiger Arbeitsschlag des Baltikums; gängig, ehrlich; willig, ruhiges Temperament. Neben Haupttyp noch etwas edlerer, leichterer, größerer Typ.

Exterieur: Ansprechender Kopf mit breiter Stirn; kurzer, gut aufgesetzter Hals; langer, rumpfiger Körper, muskulöse Schulter und Kruppe; kurzbeinig, starkes Fundament, wenig Behang; feste, runde Hufe; Farbe meist Fuchs, teils auch hellbraun; Größe ca. 153–156 cm Stockmaß.

Mechanik: Vorzüglicher Schritt, räumender Trab.

Zuchtgebiete, Gestüte: UdSSR, Litauen und übriges Baltikum, Gestüte Njamun und Zhagar; eigenes Gestütbuch.

Geschichtliches: Seit 1879 in Litauen eigene Züchtervereinigung, die sich die Verbesserung der heimischen schmudischen (Szemaitukas) Rasse für Zwecke der intensiver werdenden Landwirtschaft zum Ziel gesetzt hatte. Angestrebt wurde größerer, stärkerer, schwererer Kaltblutschlag als der vorhandene. Zu dem Zweck wurden Kaltbluthengste verschiedener Rassen ins Land geholt, von denen die Schwedischen Ardenner am besten geeignet waren. Der Umzüchtungsprozeß wurde auch nach der Revolution fortgesetzt und 1963 mit Anerkennung und Registrierung der neuen, sehr leistungsfähigen Rasse abgeschlossen.

Lokaier

<u>Typ und Verwendung:</u> Gebirgspferd; trocken, hart, genügsam, ausdauernd; starken Temperaturschwankungen angepaßt. Zwei Typen: Ein leichterer Reit- oder Packpferdtyp, in den Berggebieten Usbekistans gezüchtet, und ein schwererer, mehr Wagenpferdtyp, in den Tälern heimisch. Dem Karabaier nahe verwandt. Zuchtprüfung des Reittyps auf der Rennbahn Duschambe.

<u>Exterieur:</u> Neben Mongolenpferd haben Araber und Karabaier im Exterieur deutliche Spuren hinterlassen. Mittelschwerer Kopf, meist gerades Profil; oft tief angesetzter Hals; etwas steile Schulter; gut bemuskelter Rücken, manchmal etwas lang; kurze, abschüssige Kruppe; nicht ganz korrektes, hartes, trockenes Fundament; vorzügliche, harte Hufe; oft dünnes Langhaar, langes, wolliges Winterhaar; Farben meist Schimmel und braun, seltener Falbe und Rappe, auffallender Goldschimmer; Größe ca. 143–151 cm Stockmaß.

<u>Mechanik:</u> Fördernde Grundgangarten; Galoppier- und Springvermögen, sehr trittsicher.

<u>Zuchtgebiete, Gestüte:</u> UdSSR, Tadschikistan, Usbekistan, Hochland und Täler des Pamir-Massivs; staatliche Pferde–Kollektive; Herdenhaltung; eigenes Gestütbuch.

<u>Geschichtliches:</u> Auf bodenständiger, dem Mongolenpferd nahestehender Rasse durch Einkreuzung edleren Blutes entstanden; seit dem 16. Jahrhundert von den usbekischen Lokaiern systematisch mit Karabaier, Yomud und Araber veredelt. Zucht nach der Revolution durch Sowjetische Regierung straff organisiert.

Lusitaner

Typ und Verwendung: Im Typ dem Andalusier nahestehend; hart, anspruchslos; gängiges Reitpferd; lange Zeit die portugiesische Kavallerieremonte; Verwendung für den Stierkampf zu Pferde; auch für den leichten Zug geeignet.

Exterieur: Nicht ganz so gefällig und harmonisch wie der Andalusier, dafür trockener und härter; trockener Kopf mit geradem oder leicht ramsnasigem Profil; langer, geschwungener, schön getragener Hals; nicht sehr ausgeprägter Widerrist; muskulöse Nierenpartie, runde Kruppe; trockenes Fundament mit harten Hufen; Farben meist Schimmel oder braun; Größe ca. 153–160 cm Stockmaß.

Mechanik: Fleißige, erhabene, nicht besonders raumgreifende Bewegungen.

Zuchtgebiete, Gestüte: Süd- und Zentralportugal.

Geschichtliches: Entstanden aus der gleichen Wurzel wie der Andalusier, dem alten bodenständigen Iberischen Pferd, wobei wohl auch Pferde nordischen Typs eine Rolle gespielt haben, die von den germanischen Stämmen der Völkerwanderungszeit mitgebracht wurden. Später starker Einfluß von Berbern und Arabern. Heute Einkreuzung von Englischem Vollblut zur Erzielung von Sportpferden.

Morgan

<u>Typ und Verwendung:</u> Vielseitig verwendbares Reit- und Wagenpferd; außerordentlich energisch, hart, ausdauernd, genügsam; sehr gelehrig, von feurigem Temperament und treuem Charakter.

<u>Exterieur:</u> Kurzer, breiter Kopf mit starken Ganaschen; auffallend kleine Ohren; Augen hervortretend; Nüstern groß und weit; intelligentes Gesicht; Hals relativ kurz, ziemlich muskelbepackt; erhebliche Gurttiefe; kräftig bemuskelte Schulter; Widerrist niedrig; breiter, kurzer Rücken; kurze, solide Nierenpartie; lange, leicht geneigte Kruppe; gutbemuskelte Extremitäten; langer Unterarm, kurze Röhren; stabile Gelenke und Sehnen; Braune und Füchse vorherrschend; Größe 155–160 cm Stockmaß.

<u>Mechanik:</u> Nicht sehr raumgreifende, doch ausgesprochen fleißige, energische, elastische Aktion, besonders im Trab.

<u>Zuchtgebiete, Gestüte:</u> USA; etwa ein Drittel aller Züchter in Kalifornien, andere Zuchtzentren in Connecticut und Vermont. Bedeutendste Gestüte: The United States Morgan Horse Farm in Middleburg, Vermont, und Morgan Horse Farm der University of Vermont in Weybridge. Zuchtverbände: American Morgan Horse Association und Morgan Horse Club.

<u>Geschichtliches:</u> Älteste auf dem amerikanischen Kontinent entstandene Pferderasse, typtreue Zucht seit über 180 Jahren. Begründet mit 1789 in Westspringfields, Massachusetts geborenem Hengst namens *Figure* oder *Justin Morgan* (benannt nach seinem ersten Besitzer). Erster Band des Morgan Horse Registers wurde 1850 herausgegeben. Bedeutender Einfluß des Morgan Horse auf alle später entstandenen amerikanischen Rassen (z. B. Standard Bred).

Murinsulaner, Muraközi

<u>Typ und Verwendung:</u> Mittelschwerer, kaltblütiger Arbeitsschlag; praktisch, gängig, energisch; noble Erscheinung, deutlich orientalischen Einfluß verratend; trocken und hart; für alle Zugarbeiten geeignet; zwei Typen: schwerer, schwerfälligerer und kleiner, leichterer, energischer.

<u>Exterieur:</u> Dem eines leichten Ardenners entsprechend; edler, auf arabische Vorfahren hindeutender Kopf; muskulös, abgedreht, kurzbeinig; wenig Behang; harte, gutgeformte Hufe; Farben meist Fuchs, aber auch braun und Schimmel; teils weiße Abzeichen; Größe des schwereren Typs bis ca. 162 cm, des leichteren Typs bis ca. 155 cm Stockmaß.

<u>Mechanik:</u> Bodendeckender Schritt, energischer Trab.

<u>Zuchtgebiete, Gestüte:</u> Ungarn, ursprünglich im Süden an der Mura; heute auch über Westungarn und Teile von Jugoslawien verbreitet.

<u>Geschichtliches:</u> Murinsulaner entstand im vorigen Jahrhundert entsprechend den Bedürfnissen der intensiver werdenden Landwirtschaft nach einem schwereren Pferd im südlichen Ungarn auf der Grundlage heimischer, orientalisch beeinflußter Landrasse durch Einkreuzung von Percheron, Norikern und belgischen Ardennern. Zuchtbestrebungen nach dem I. Weltkrieg verstärkt fortgesetzt. Bereits 1925 über ein Viertel aller ungarischen Pferde zur Muraközer Zucht gehörig. Nach dem II. Weltkrieg (1947–1949) wieder Einfuhr von Ardenner Hengsten aus Frankreich und Belgien. Heute im Gefolge der Mechanisierung der Landwirtschaft Zucht stark abnehmend.

Mustang

Typ und Verwendung: Unveredelter, halbwilder Pferdetyp; sehr hart, ausdauernd, genügsam; mittelgroß; oft schwieriges Temperament, bösartiger Charakter. Reitpferd der Cowboys und Indianer.

Exterieur: Großer, oft unedler Kopf mit feurigen Augen; recht lange Ohren; Hals und Rumpf wohlproportioniert; stabile Extremitäten mit starken, gutmarkierten Sehnen und Gelenken; eisenharte Hufe. Alle Farben; häufig Schecken. Größe selten über 147 cm Stockmaß.

Mechanik: Meist hervorragendes Galoppiervermögen, sehr trittsicher.

Zuchtgebiete, Gestüte: USA; Fuß der Rocky Mountains, westliche Prärien, Texas, Arizona, Wyoming, New Mexico, Utah, Nevada, Idaho; in freier Wildbahn.

Geschichtliches: Von Pferden der ersten spanischen Eroberer abstammend, seit fast 500 Jahren wildlebend. Der Name ist abgeleitet vom spanischen „mesteño" = von der Herde getrenntes, verlaufenes Tier. Zeitweilig Millionen zählend, lange Zeit heftig bekämpft; mit allen zur Verfügung stehenden technischen Mitteln gejagt; vor allem zu Hundefutter und Fleischmehl verarbeitet. Heute noch einige Zehntausend, jedoch in ihrem Bestand nicht gefährdet, da Regierung Schutzgesetze erlassen und Reservate geschaffen hat. Große öffentliche Initiative der Adoption von wildlebenden Mustangs in den sechziger Jahren. Heute sind verschiedene Organisationen um den Fortbestand der Mustangs bemüht, so „American Mustang Association", „National Mustang Association" und „International Society for the Protection of Mustangs and Burros (wilde Esel)".

New Forest Pony

Typ und Verwendung: Großer, edler, harter Pony; ausgezeichnetes Kinder-
reitpferd; ruhiges Temperament, guter Charakter, gehört zur Gruppe der
Heide- und Moorponys. Gegen Ende des vorigen Jahrhunderts war das Ka-
vallerieregiment „The New Forest Scouts" ausschließlich auf New Forest
Ponys beritten.
Exterieur: Häufig arabisch beeinflußter Kopf; Schulterlage oft steil; hoher
Widerrist; langer, kräftiger Rücken; Kruppe oft abgeschlagen, kurz; Stellung
der gesunden, gut markierten Extremitäten oft unregelmäßig; Farbe braun
verschiedener Schattierung, auch Schimmel, Rappen und Füchse. Größe
125–135 cm Stockmaß.
Mechanik: Schritt und Trab ausreichend; gutes Galoppier- und Springvermögen.
Zuchtgebiete, Gestüte: Großbritannien; Waldgebiet des New Forest,
Hampshire, nahe London; Züchtervereinigung „The New Forest Pony Breeding and Cattle Society". Bedeutendstes Nachzuchtgebiet: Holland.
Geschichtliches: Alte Ponyrasse, den anderen britischen Heide- und Moorponys stammverwandt. Von allen britischen Ponyrassen wurde dem New
Forest Pony im Laufe der Jahrhunderte am meisten Fremdblut zugeführt,
u.a. Orientalisches und Englisches Vollblut, sowie Hackney und zahlreiche

Hengste unbekannter bzw. zweifelhafter Abstammung. Um den alten Ponycharakter wiederherzustellen, wurden von Lord Arthur Cecil und anderen bedeutenden Züchtern des vorigen Jahrhunderts Hengste anderer britischer Heide- und Moorponyrassen verwendet. Erster Band des New-Forest-Gestütbuches 1910. In ihm finden sich Hengste verschiedenster Rassen. Von 1915 bis 1958 wurde das Gestütbuch von der „British National Pony Society" herausgegeben. Seit 1938 werden alle neu einzutragenden Ponys vor der Aufnahme ins Gestütbuch gemustert, und die Eintragung fremdblütiger Hengste ist nicht mehr zugelassen. Seit 1959 gibt die „New Forest Pony Society" wieder selbst ihr Gestütbuch heraus, von dem jedes Jahr ein Band erscheint.

Niederländisches Kaltblut

<u>Typ und Verwendung:</u> Einzige schwere Zugpferdrasse der Niederlande, typmäßig dem belgischen Brabanter sehr nahe; voluminöses, tiefes, massives, gängiges, kaltblütiges Arbeitspferd; genügsam, ruhiges Temperament.
<u>Exterieur:</u> Entspricht weitgehend dem des Brabanters.
<u>Mechanik:</u> Leichter, energischer Schritt, räumende Trabaktion.
<u>Zuchtgebiete, Gestüte:</u> Bäuerliche Zucht der niederländischen Marschen.
<u>Geschichtliches:</u> Auf bodenständiger Grundlage durch Verdrängungskreuzung mit Brabanter zu Beginn dieses Jahrhunderts entstanden. Stutbuch seit 1914 (1925 geschlossen). Zucht heute stark zurückgegangen.

Niederländisches Warmblut

Typ und Verwendung: Ursprünglich schweres Warmblutwirtschaftspferd und Karossier (ehemalige Groninger und Gelderländer Rasse); heute vielseitig verwendbarer Sportpferdetyp mit vor allem guten Springanlagen, daneben Weiterzucht des alten Karossier-("Tuigpaard"-)Typs.

Exterieur: Tuigpaard entspricht weitgehend dem alten Oldenburger (Groninger) bzw. Ostfriesen (Gelderländer); viel Hals und Aufsatz, trockenes, stabiles Fundament; heute im Typ des modernen westeuropäischen Sportpferdes; langlinig, großrahmig; Größe 168–170 cm Stockmaß; Farben braun, dunkelbraun, Fuchs, aber auch Rappe und Schimmel, teils große, weiße Abzeichen.

Mechanik: Moderne, flache, energische, raumgreifende Bewegungen in allen Gangarten, hervorragende Springanlagen; Karossiertyp; blendende, hohe, räumende Trabaktion.

Zuchtgebiete, Gestüte: Gesamte Niederlande; Zucht und Hengsthaltung vollständig in bäuerlicher Hand; Nachzuchtgebiet in Belgien.

Geschichtliches: Zuchten des (stärkeren) Groningers und (leichteren) Gelderländers aus gleicher Wurzel wie Westfriese, Ostfriese, Oldenburger. Groninger ursprünglich hauptsächlich vom Oldenburger beeinflußt, in Geldern im Laufe der letzten 150 Jahre Zuführung von Hackney-, Normänner und Holsteiner Blut; seit ca. 1970 erfolgreicher Umzüchtungsprozeß auf vielseitig verwendbaren Sportpferdetyp, vor allem mit Holsteiner, Normänner, Vollblut- und vereinzelt Trakehner Hengsten. Große Erfolge der Zucht im internationalen Spitzensport, vor allem Springen.

Nonius

Typ und Verwendung: Früher zwei Typen: 1. Großer Nonius; schwerer, kräftiger, eleganter Karossier; ausgezeichneter Charakter, lebhaftes Temperament; gute Zugpferdeigenschaften; ausdauernd, hart; spätreif. 2. Kleiner Nonius; nicht besonders schönes, doch gängiges, hartes, gesundes, ausdauerndes, leichtes Warmblutpferd; munteres Temperament, guter Charakter. Seit 1961 Zuchtziel nur noch ein einheitlicher, etwas größerer, edlerer Sportpferdetyp für alle Disziplinen.

Exterieur: Nicht sehr edle Gesamterscheinung, oft Ramskopf; stattlich aufgesetzter Hals; kräftiger Widerrist; langer, manchmal weicher Rücken; gutgelagerte Schulter; kurze, schmale Kruppe; solide, gutbemuskelte Gliedmaßen mit stabilen Sehnen und Gelenken; mittelgroße, gutgeformte Hufe; Farbe meist braun; weiße Abzeichen selten, Größe: Großer Nonius 155–160 cm, Kleiner Nonius 145–150 cm Stockmaß (nur Stuten berücksichtigt).

Mechanik: Langer Schritt; flacher, raumgreifender Trab; bodendeckender Galopp; gute Springanlagen.

Zuchtgebiete, Gestüte: Ungarn: Comitat Csanad; Gestüte Mezöhegyes und Hortobagy; Jugoslawien: Gestüte Karadjordjevo, Napredak-Bajsa, Lipik; Österreich: Burgenland; Gestüt Stadl-Paura.

Geschichtliches: Stammvater der Zucht der Anglo-Normänner Hengst *Nonius (Senior),* der 1816–1832 im Gestüt Mezöhegyes stationiert war. Bedeutende Rolle spielten Lipizzaner und Kladruber Blut. Kleinem Nonius im Verlauf der letzten 100 Jahre wiederholt Englisches, Großem erneut Anglo-Normänner Blut zugeführt. Nach 1960 Vereinheitlichung der Zucht. In Mezöhegyes Umzüchtungsprozeß auf einen größeren, edleren Sportpferdetyp mit Hilfe Englischer Vollbluthengste und des Holsteiner Hengstes *Aldato.*

Nordschwede

Typ und Verwendung: Leichtes, bewegliches Kaltblutpferd, dem norwegischen Dølepferd nahestehend; trocken, hart, ausdauernd; lebhaftes Temperament, ausgeglichener Charakter. Für alle land- und forstwirtschaftlichen Arbeiten geeignet; spezieller Typ findet in Trabrennen Verwendung.
Exterieur: Mittelgroß, muskulös; starkes, trockenes Fundament; kräftige, gesunde Sehnen und Gelenke; stabile Hufe; kaum Behang; recht edler Kopf; Farbe meist braun oder Rappe, auch Falbe; Größe 150–156 cm Stockmaß.
Mechanik: Guter Schritt; hervorragendes Trabvermögen.
Zuchtgebiete, Gestüte: Nordschweden, Staatsgestüt Wången (Jämtland); bäuerliche Zucht.
Geschichtliches: Aus dem bodenständigen schwedischen Landschlag hervorgegangen. Nach fehlgeschlagenen Kreuzungsversuchen mit verschiedenen Rassen seit Ende des vorigen Jahrhunderts systematische Einkreuzung von Døleblut. Seit 1930 Leistungsprüfungen und tierärztliche Untersuchung für alle gekörten Hengste obligatorisch.

Noriker, Pinzgauer, Oberländer, Süddeutsches Kaltblut

Typ und Verwendung: Gebirgspferd der österreichischen und bayerischen Alpen; schweres landwirtschaftliches Arbeitspferd; kräftig, hart, anspruchslos; frühreif; langlebig; träges Temperament, gutmütiger Charakter; zugfest.

Ursprünglich zwei Typen: leichterer Oberländer, schwerer Pinzgauer; heute einheitliche Zuchtrichtung.

Exterieur: Langgestreckter, schwerer Kopf; kleine, gutmütige Augen; Ramsnase; tief angesetzte Ohren; derbe, kraushaarige Mähne; dicker, kurzer Hals, flacher Widerrist; langer, breiter, oft matter Rücken; lange, breite, tiefgespaltene, abgeschlagene Kruppe; tiefangesetzter Schweif mit starkem gewelltem Haar; breite Brust; gerade, gepackte Schulter; kurzbeinig; kurze Fesselung; ausgeprägter Behang; Farben braun und Fuchs, wenig Abzeichen; Tigerschecken und Schimmel selten; Größe 155–160 cm Stockmaß.

Mechanik: Schrittpferd mit raumgreifenden, nicht immer regelmäßigen Bewegungen im Schritt und Trab.

Zuchtgebiete, Gestüte: Österreich: Hochalpen, Salzburg, Kärnten, Steiermark, Pinzgau, Pongau, Lungau, Ennstal, Murboden, Gailtal, oberes Drautal und Iseltal; Zucht weitgehend in bäuerlicher Hand. Deutschland: Bayern, gesamtes Alpenvorland; Stammgestüt Schwaiganger. Baden-Württemberg, Gestüt Marbach; Zucht weitgehend in bäuerlicher Hand.

Geschichtliches: Geht wahrscheinlich auf schweres Pferd der römischen Provinz Noricum zurück. Bereits zur Zeit Karls des Großen erwähnt. Im Mittelalter Beginn systematischer Zucht. Mitte 16. Jahrhundert Gestütsgründung im Schloß Rief bei Hallein. 17.–19. Jahrhundert wiederholt Einkreuzung fremden Blutes (Spanier, Neapolitaner, Belgier, Kladruber, Clydesdale etc.). Seit 1884 Reinzucht. In Deutschland seit 1952 Zusammenfassung der norischen Schläge durch die DLG im „Süddeutschen Kaltblut".

Norrlandpferd

Typ und Verwendung: Bodenständiger norwegischer Landschlag. Hart, willig, ehrlicher Charakter; Einsatz in Landwirtschaft und zum Reiten; unempfindlich gegen Kälte und Strapazen; sehr langlebig; oft bis dreißigjährig noch fortpflanzungs- und arbeitsfähig.

Exterieur: Wohlproportioniert, kräftiger Körperbau mit guter Bemuskelung; kurze, stabile Gliedmaßen; harte Hufe; Farben: Schimmel mit dunklen Beinen und dunklem Langhaar sowie Braune, Rappen, Falben und Mausfalben; Größe ca. 140–145 cm Stockmaß.

Mechanik: Energische Bewegungen; gutes Trabvermögen; trittsicher.

Zuchtgebiete, Gestüte: Nordnorwegen, Lofoten, Finnmark, Tromsö, Vesterålen, Gebiet des Lyngfjord.

Geschichtliches: Nach neuesten vergleichenden Forschungen M. Hilzheimers der nordwesteuropäischen Urrasse von vor 2000 Jahren noch sehr nahe. Seit 1916 organisierte Zucht. Bedeutendster Linienbegründer *Rimfakse*-Sohn *Lyngsrauen.* Anfang 20er Jahre Einführung des Namens „Lyngspferd", 1968 vom Landwirtschaftsministerium durch Bezeichnung Norrlandpferd abgelöst. 1967 Zusammenschluß aller Züchter in einer Züchtervereinigung.

Nowokirgisisches Pferd

Typ und Verwendung: Ausdauernder, harter Reitpferdeschlag; für bergiges Gelände geeignet; Verwendung vorwiegend unterm Sattel, Hirtenpferd, auch Packpferd; Prüfung der Zuchtpferde in Rennen; Stutenmilch zu Kumyß verarbeitet.

Exterieur: Tief, rumpfig, muskulös; kurze, stämmige Gliedmaßen, kräftige Gelenke, extrem harte Hufe; Farben braun, dunkelbraun, Schimmel; Größe: Hengste ca. 153 cm, Stuten 147 cm Stockmaß.

Mechanik: Ausgezeichnete Grundgangarten, trittsicher; Springanlagen.

Zuchtgebiete, Gestüte: UdSSR; Kirgisistan, Gebirge von Tien Shan, Staatsgestüt Nary; bäuerliche Kollektivwirtschaften am Issyk-Kul, Herdenhaltung auf Bergweiden in Höhen von 2000–3000 m.

Geschichtliches: Anfänge der kirgisischen Steppenpferdzucht reichen bis 2000 v. Chr. zurück. Nowokirgise auf heimischer Grundlage des Kirgisenponys entstanden um etwa 1860/70 durch zunächst zufällige Einkreuzung von Reitpferderassen wie Donpferd u. a. Bewußte, planmäßige Zuchtverbesserung durch die sowjetische Regierung mit Hilfe Englischer Vollblut- und Budjonny-Hengste seit 1930. Der heutige Neukirgise führt in der Regel in seinem Pedigree ca. 50 Prozent Donblut, 25 Prozent Englisches Vollblut und 25 Prozent altkirgisisches Steppenpferdblut. Seit 1954 als eigene Rasse anerkannt. Eigenes Gestütbuch.

Österreichisches Warmblut, Burgenländer

<u>Typ und Verwendung:</u> Warmblütiger Reitpferdetyp für alle Disziplinen, dem ungarischen Furioso-Northstar sehr ähnlich.
<u>Exterieur:</u> s. Furioso-Northstar.
<u>Mechanik:</u> s. Furioso-Northstar.
<u>Zuchtgebiete, Gestüte:</u> Österreich, Burgenland, Landgestüt Stadl-Paura; Niederösterreich, Steiermark; Staatsgestüt Piber.
<u>Geschichtliches:</u> Auf gleicher Grundlage entstanden wie ungarischer Furioso-Northstar, von ihm stark beeinflußt, nach dem II. Weltkrieg Verwendung von hannoverschen und schwedischen Hengsten, um Gang und Springanlagen zu verbessern.

Oldenburger

<u>Typ und Verwendung:</u> Früher schweres Warmblut-Allzweckpferd im Typ des starken, eleganten Karossiers mit viel Nerv und Adel; von imponierender, stolzer Haltung; außerordentliche Energie im schweren Zug; hervorragend gutmütiges Temperament; heute vielseitig verwendbares Reitpferd.
<u>Exterieur:</u> Früher oft ramsköpfig; viel Hals, hoher Aufsatz, kräftiger, muskulöser Bau; breiter und tiefer Rumpf; breite, gerade, starkbemuskelte Kruppe; nicht selten etwas weicher Rücken; im ganzen ausgesprochen runde, abge-

drehte Formen; Knochen und Gelenke kräftig und massiv; kurze, starke Röhren; heute unter Einfluß edlen Blutes im Typ des edlen Warmblüters; Färbung früher durchweg braun, dunkelbraun oder Rappe, heute auch häufig Fuchs; Größe 160–168 cm Stockmaß.

Mechanik: Leichte, raumgreifende Reitpferdebewegungen und gute Springanlagen.

Zuchtgebiete, Gestüte: Deutschland: Oldenburg; rein bäuerliche Zucht mit privater Hengsthaltung. Oldenburger alle beim Oldenburger Verband eingetragenen Pferde, die den Oldenburger Brand tragen. Nachzuchtgebiete: Bayern (Rottal), Sachsen; Polen; Dänemark: Fünen.

Geschichtliches: Unter Graf Anton Günther v. Oldenburg (1603–1667) erste Blüte der Zucht; Einfuhr Spanischer und Neapolitanischer Hengste. Danach allmählicher Niedergang bis 1819, bis zur Einführung von Hengstkörungen und -prämiierungen. Damals Einfuhr des aus England stammenden *Stäweschen Hengstes (*Cleveland Bay), Begründer der bedeutendsten Hengstlinie Oldenburgs. Neuere Zucht beruhte bis etwa 1960 vor allem auf der *Norman-Rubico*-Linie, außerdem auf den Linien *Emigrant, Lupus XX* und *Condor*. Seitdem erhebliche und sehr erfolgreiche Anstrengungen, Zucht in Richtung auf einen vielseitig verwendbaren Reitpferdetyp zu veredeln. Zu diesem Zweck gehäufter Einsatz von Vollblut- und französischen Hengsten Anglo-Normänner und Anglo-Araber Blutführung (*Furioso II, Futuro, Inschallah* etc.) sowie Hannoverschen, Trakehner und neuerdings Holsteiner Hengsten.

Orlowtraber

Typ und Verwendung: Trabrennpferd vor Sulky und Rennschlitten, elegantes Wagenpferd; starke Konstitution; Nutzung auch in Landwirtschaft und Wirtschaft; ausgezeichneter Charakter, lebhaftes Temperament; Einsatz als Veredler landwirtschaftlicher Gebrauchsrassen.

Exterieur: Uneinheitlich; Kopf häufig lang, doch ausdrucksvoll, arabisch geprägt, vielfach Ramsnase; ausdrucksvolles Auge; langer, oft Schwanenhals, steile Schulter; niedriger Widerrist; langer, oft weicher Rücken; abschüssige Kruppe; niedriger Schweifansatz; breite Brust, oft mangelhafte Gurttiefe; lange, muskulöse Ober-und Unterarme; breite, trockene Röhren; klar markierte Sehnen und Gelenke; große, gesunde Hufe; üppiges Langhaar; Behang; Farben: braun, Rappen, Schimmel, oft auffallende Äpfelung; Größe: Hengste 161 cm, Stuten 158 cm Stockmaß.

Mechanik: Kurzer Schritt; bodendeckender Trab mit kräftigem Schub aus der Hinterhand; bodenweite Knieaktion.

Zuchtgebiete, Gestüte: UdSSR: Stammgestüt Chrenowoje, Gouvernement Woronesch, sogenanntes „Schwarzerdegebiet", in Kolchosen im Bereich von 34 Staatsgestüten und 20 staatlichen Aufzuchtbetrieben.

Geschichtliches: Orlowrasse 1775 von Graf Alexej Grigoriewitch Orlow-Tschesmenskoj durch Kombination orientalischen, dänischen und holländischen Blutes begründet. Jeder Orlowtraber nur nach härtester Prüfung auf Rennleistung zur Zucht verwandt. 1845 Ankauf Chrenowojes durch russische Krone, Anlegung von Gestütbüchern, Erlaß eines Rennreglements,

Aussetzung von Staatspreisen für Rennen etc. Nach zeitweiligem Niedergang der Zucht durch Kriegs- und Revolutionswirren Wiederaufbau durch Sowjetregierung. Heute ca. 20 verschiedene Blutlinien.

Paso Fino

Typ und Verwendung: Feurig, energisch, intelligent; handlich, gehorsam; ausschließlich als Reitpferd genutzt; sehr bequem zu sitzen aufgrund seiner paßartigen Gangarten; wird häufig täglich über Strecken bis 100 km geritten.
Exterieur: Gesamteindruck edel; trockener Kopf mit geradem oder Rams-Profil; großes, feuriges Auge, kurze Ohren; aufgesetzter, muskulöser Hals; steile, gepackte Schulter; kurzer, starker Rücken; gerundete, häufig stark abfallende Kruppe; oft feine, trockene Gliedmaßen mit relativ langer Fesselung und festen Hufen; Farben meist hellbraun, braun, Rappe, seltener Fuchs; Größe 140–150 cm Stockmaß.
Mechanik: Drei angeborene laterale (gebrochen paßartige) Viertakt-Gangarten: Paso Fino, langsam, versammelt, mit hoher Aktion; Paso Corto, leichtfüßiger, mittelschneller „Reisegang"; Paso Largo, schneller Gang, Geschwindigkeiten bis 26 km pro Stunde, auch über große Strecken.
Zuchtgebiete, Gestüte: Peru, aber auch Puerto Rico, Kolumbien, Venezuela; bedeutendstes Nachzuchtgebiet USA; seit jüngster Zeit auch in Europa gezüchtet.
Geschichtliches: Geht zurück auf seit dem Beginn des 16. Jahrhunderts aus Spanien nach Peru importierte Pferde; durch sorgfältige Selektion Erhaltung der damals in ganz Europa weitverbreiteten Paßgangarten.

Percheron

Typ und Verwendung: Wichtigste französische Kaltblutrasse; schweres, trockenes, gängiges Zugpferd; stark, ausdauernd; gutmütig; energisches Temperament; manchmal übereifrig.

Exterieur: Edler Kopf, breite Stirn, große, ausdrucksvolle Augen, tief angesetzte Ohren; Hals kurz und breit; niedriger Widerrist; Schulter oft etwas kurz und steil; Rücken und Nierenpartie kräftig und gewölbt; Kruppe breit und gut bemuskelt; relativ kleine, gesunde, harte Hufe; wenig Behang; Farbe meist eisengrau oder schwarz, auch Schimmel; Größe 165–175 cm Stockmaß.

Mechanik: Energische, fördernde, leichte Bewegungen im Schritt und Trab.

Zuchtgebiete, Gestüte: Frankreich, Gebiet von Le Perche, Départements Orne, Sarthe, Loire-et-Cher, Eure-et-Loire; Gestüt Le Pin, Département Orne; weitgehend bäuerliche Zucht; bedeutendstes Nachzuchtgebiet USA.

Geschichtliches: Hervorgegangen aus bodenständigem schwerem Landschlag durch Einkreuzung orientalischen Bluts im Verlauf großer Zeiträume; unter Karl Martell (688–741), zur Zeit der Kreuzzüge (Ende des 11. bis Ende des 13. Jahrhunderts), zuletzt zu Beginn des 19. Jahrhunderts, vor allem durch von Grafen von Nogent, Bellême und Mortagne importierte orientalische Hengste. Erheblicher Einfluß der 1820 importierten Araberhengste *Gallipoli* und *Godolphin*. Mit Verschwinden von Postkutsche und pferdegezogenem Omnibus Umzüchtung des Percheron zu heutigem schwerem Riesenpferd.

In neuerer Zeit Einfluß von Boulonnais und Bretone. Starker Rückgang im Zuge der Mechanisierung der Landwirtschaft und Wirtschaft. Teils Schlacht-pferdeproduktion. Dem Percheron verwandte Zuchten Trait Augeron, Berri-chon, Loire, Maine und Nivernais führen eigene Gestütbücher, ebenso wie das Nachzuchtgebiet in den USA.

Reitpony, Deutscher

Typ und Verwendung: Kinderpony im Reitpferdetyp für den Turniereinsatz mit 10–16jährigen Kindern, auch eleganter Fahrpony.
Exterieur: Miniaturreitpferdmodell
Mechanik: Elastische, bodendeckende Reitpferdbewegungen, gute Spring-anlagen.
Zuchtgebiete, Gestüte: Bundesrepublik Deutschland, alle Bundesländer.
Geschichtliches: Zuchtrichtung nach dem Vorbild der englischen Reitpony-zucht nach dem II. Weltkrieg entstanden, um aufgrund starker Ausweitung des Ponysports ständig steigende Nachfrage zu befriedigen. Entstanden durch Kreuzung von verschiedenen Ponyrassen, meist Welsh, Dartmoor, New-Forest sowie Dülmener, mit Großpferdrassen, vor allem Araber, aber auch Englischem Vollblut, Anglo-Araber oder anderen Edelrassen. Bisher keine einheitliche Zucht, da stark divergierende Vorstellungen über einzu-schlagenden Weg in den einzelnen Zuchtregionen.

Rheinisches Warmblut

Typ und Verwendung: Edles Warmblutpferd im Zuchtziel des „Deutschen Reitpferdes".

Exterieur: Dem des Hannoveraners bzw. Westfalen nahe verwandt (s. d.)

Mechanik: s. Hannoveraner oder Westfale.

Zuchtgebiete, Gestüte: Rheinland, praktisch identisch mit dem ehemaligen Zuchtgebiet des Rheinisch-Deutschen Kaltbluts, das es fast völlig verdrängt hat. Teils Privathengsthaltung, teils Versorgung vom Westfälischen Landgestüt Warendorf aus.

Geschichtliches: Die jüngste deutsche Warmblutzucht entstand nach dem II. Weltkrieg im Rheinland, wo sie die seit den 70er Jahren des 19. Jahrhunderts auf belgischer Grundlage entstandene Kaltblutzucht ablöste. Von nur 85 Warmblutstuten im Jahre 1954 stieg der Bestand bis 1986 auf 2 600 an. Da das gesamte Zuchtmaterial aus anderen Zuchten angekauft werden mußte, entstand zunächst ein recht uneinheitliches Bild, dem man durch fast ausschließlichen Einsatz von (Privat-)Hengsten ostpreußischer Blutführung zu steuern suchte. Äußerlich suchte man das durch die Verwendung des alten ostpreußischen Vorregisterbrandes, der Rehkrone, zu dokumentieren. Später, in den 70er und 80er Jahren, wurden, neben den Warendorfer Hengsten, Hannoversche sowie einzelne Holsteiner und Vollbluthengste verwendet.

Rheinland-Pfälzer, Zweibrücker

Typ und Verwendung: Mittelschweres Warmblutpferd im Typ des Hannoveraners (s. d.). Zuchtziel „Deutsches Reitpferd".
Exterieur: s. Hannoveraner.
Mechanik: s. Hannoveraner.
Zuchtgebiete, Gestüte: Deutschland; Rheinland-Pfalz-Saar; Gestüt Zweibrücken.
Geschichtliches: 1755 Gründung des Gestütes Zweibrücken durch Herzog Christian IV. von Zweibrücken; Normänner, Perser, Araber bildeten das Fundament einer Zucht edler Reitpferde und wirkten zugleich veredelnd auf die bodenständige Landespferdezucht ein. Unter Napoleon I. Auflösung des Gestüts und Raub der Pferde. Neubegründung nach der Rückführung der Reste durch Ankäufe von englischen und französischen Pferden. 1945 völlige Zerstörung des Hauptgestüts; nach dem Kriege in kleinerem Rahmen wieder aufgebaut. 1960 bis auf das Hengstdepot aufgelöst. Zunächst starker Trakehner-Einfluß in der Pfalz bei der Umzüchtung auf ein vielseitig geeignetes Reitpferd. In jüngster Zeit vermehrte Stationierung Hannoverscher und Holsteiner Hengste.

Russischer Traber, Metis Traber

Typ und Verwendung: Rennpferd für Trabrennen im Sulky und vor dem Rennschlitten; hervorragend bewährt in Wirtschaft und Landwirtschaft, als Kutschpferd und unter dem Sattel; zur Veredelung der heimischen Lokalrassen in fast allen Sowjet-Republiken verwendet; kräftige Konstitution; trocken, hart, ausdauernd; energisches, lebhaftes Temperament, guter Charakter; entstanden aus einer Kreuzung zwischen Orlowtraber und American Standardbred.
Exterieur: Leichter Kopf mit geradem Profil; langer, gerader Hals; hoher Widerrist; teils etwas mangelhafte Tiefe; gerader, manchmal etwas weicher Rücken; feste Nierenpartie, abfallende Kruppe; trockene, stabile Gliedmaßen; langer Unterarm, kurze Röhre; oft etwas eingeschnürte Gelenke, Säbelbeinigkeit, Kuhhessigkeit, mangelhafte Sprunggelenke. Drei verschiedene Typen: Schwerer Typ (Arbeits- und Wagen-Typ): kräftig, kurzbeinig, trocken; massiver Bau; Größe 154–159 cm Stockmaß. Mittlerer Typ (Reit- und Wagen-Typ): trocken, kräftig, knochig; nicht so ausgesprochenes Zugpferd; über 158 cm Stockmaß. Renntyp: kurzer Rumpf; hochbeinig; feinknochig, trocken. Farben: braun, dunkelbraun, Rappe, andere Farben seltener; durchschnittliche Größe: Hengste 160 cm, Stuten 157 cm Stockmaß.
Mechanik: Fördernder, flacher, rasanter Trab; einige Linien zeigen Neigung zu Paßgang. Entwickelt im Rennen eine größere Schnelligkeit als der Orlowtraber.
Zuchtgebiete, Gestüte: In zahlreichen Kolchosen im gesamten Gebiet der UdSSR (mit Ausnahme Tadschikistan). Bedeutendste Gestüte: Alexandrowsk im Gebiet von Orlow, Lawrowsk bei Tambow, Elansk bei Saratow, Ufask in der Baschkirischen Republik und Dubrowsk an der Poltawa. Hauptmasse der Traber im Gebiet von Omsk, im Tjumen- und Uljanowsk-Gebiet; weitverbreitet als Veredler bodenständiger Rassen.

Geschichtliches: Gegen Ende des 19. Jahrhunderts, als der Amerikanische Traber dem Orlowtraber immer schärfere Konkurrenz zu machen begann, entstanden durch direkte Kreuzung beider Rassen, um ihre Vorzüge in einer Rasse zu vereinigen; erste Kreuzungen im Gestüt von S. M. Golozyn 1894. Insgesamt wurden 156 Standardbred Hengste eingeführt, darunter der ehemalige Weltrekordler *Cresceus,* von denen ein gutes Dutzend Einfluß auf den Aufbau der Russischen Traberrasse erlangten, sowie 220 Stuten. Bei Ausbruch des I. Weltkrieges war die Einfuhr amerikanischen Zuchtmaterials abgeschlossen. Nach der Revolution, seit 1926, wurde ein planmäßiger systematischer Wiederaufbau und eine Konsolidierung der Zucht aufgrund eines Plans der Allrussischen Zootechnischen Kommission durchgeführt. Sorgfältige Selektion erfolgte aufgrund härtester Leistungsprüfungen und Homogenisierung nach Exterieureigenschaften. Die Aufbauphase war 1940 abgeschlossen.

Wichtigste Hengstlinien sind heute: *Gildeitz, Iris, Magnat-Nalim, Balagur-Samorskoe, Tschudo, Trepet, Antonij, Aloischa* und *Dodyr.* 1949 wurde der Russische Traber als eigene Rasse anerkannt und erhielt ein eigenes Stutbuch. Zugleich erfolgte die Änderung des Namens Metis (Bastard-)Traber in Russischer Traber. 1961 wurden zwei Standardbred Hengste aus den USA zwecks Rückkreuzung importiert.

Russisches Kaltblut, Russisches Lastpferd

Typ und Verwendung: Kleiner, trockener, gängiger, kräftiger Kaltblutschlag für alle landwirtschaftlichen Arbeiten; lebhaftes Temperament.

Exterieur: Kleiner, recht edler Kopf auf massivem Hals; breiter, muskulöser Rücken; kurze, kräftige Lendenpartie; lange abschüssige Kruppe; Brust breit und tief; Gliedmaßen kurz, trocken, mit starken Hufen; Farben: Füchse, Dunkelfüchse, Braune, Fuchsschimmel; Größe: Hengste 149 cm, Stuten 147 cm Stockmaß.

Mechanik: Leichte, freie Bewegungen in Schritt und Trab.

Zuchtgebiete, Gestüte: UdSSR; Ukraine, Udemursk-, Kirowski-, Wologodski- und Archangelskgebiet; Gestüte Nowo Alexandrowsk und Kuedin.

Geschichtliches: Entstanden aus der Kreuzung der bodenständigen Rasse der Ukraine mit schwedischen Ardennern, Percheron, Belgiern, Orlow etwa seit 1870. Bereits 1900 auf der Weltausstellung in Paris Goldmedaille für den „Russischen Ardenner"-Hengst *Karawaj*. Seit 1952 als eigene Rasse registriert.

Sable Island Pony

<u>Typ und Verwendung</u>: Drahtiger Pony; recht leicht und edel; extrem hart und genügsam aufgrund der kargen Lebensbedingungen; wenn in der Jugend eingefangen, meist frommes, gutartiges Temperament; Verwendung als Kinderpony zum Reiten und Fahren.
<u>Exterieur</u>: Recht nobler Kopf, kurze Ohren, oft tiefangesetzter Hals, steile Schulter, bodenweit verstellte Vorder-, kuhhessige Hintergliedmaßen; Farben Fuchs, braun, Rappe, Schimmel, wenig Abzeichen; Größe ca. 142 cm Stockmaß.
<u>Mechanik</u>: Eifrige, fleißige Bewegungen, gutes Galoppiervermögen.
<u>Zuchtgebiete, Gestüte</u>: Kanadisches Sable Island, im Atlantik liegende, Nova Scotia vorgelagerte, sandbankartige Insel mit sehr geringer Vegetation, Wildherde von ca. 300 Köpfen.
<u>Geschichtliches</u>: Geht zurück auf um 1700 dort von Neu-England aus ausgesetzte Pferde meist französischen Ursprungs.

Salerner

<u>Typ und Verwendung</u>: Bodenständige Warmblutrasse Italiens; ehemals leichte Kavallerieremonte im anglo-arabischen Typ; heute im englischen Halbbluttyp stehendes edles, hartes Reit- und Sportpferd.

Exterieur: Edler, trockener Kopf; vorzügliche Oberlinie; ausgeprägte Sattellage; günstige Schulter-Widerristformierung; bedeutende Gurttiefe; stabiles, trockenes, hartes Fundament; gutgeformte, harte Hufe; alle Grundfarben; wenig Abzeichen; Größe: ca. 160–168 cm Stockmaß.

Mechanik: Bodendeckende Grundgangarten; hervorragendes Galoppier- und Springvermögen.

Zuchtgebiete, Gestüte: Italien, Provinz Salerno (südlich Neapel); Hauptgestüt Persano; kleinere, bedeutende Privatzuchten wie z.B. Gebrüder Barone Filippe und Giuseppe Morese (Züchter von *Merano, Posillipo* und *Fiorello*) in Ponte Cagnano und Contessa Teodorani.

Geschichtliches: Entstanden aus bodenständigem Neapolitaner, einem Stammvater des Lipizzaners und Kladrubers durch Einkreuzung zunächst von Arabischem und Anglo-Arabischem, seit Ende vorigen Jahrhunderts vor allem von Englischem Voll- und Halbblut. Großen Einfluß erlangte das Staatsgestüt Persano, von König Carlos III. (1716–88) in seinem ehemaligen Jagdreservat in der neapolitanischen Campagna begründet, auf die Zucht, vor allem zwischen 1900 und 1920 dank großer finanzieller Zuwendungen für den Ankauf geeigneten Zuchtmaterials. Ein starker Rückgang der Zucht fand statt nach dem II. Weltkrieg mit der Auflösung der Kavallerie und der Hinwendung zahlreicher Züchter zur Traberzucht. 1972 erfolgte die Auflösung des Staatsgestüts Persano.

Schleswiger

Typ und Verwendung: Leichter und trockener als stammverwandter Jütländer, bis zur Jahrhundertwende auf der Grenze vom Kalt- zum Warmblüter; lebhaftes, energisches Temperament. Vielseitig verwendbares Arbeitspferd, beliebtes Brauereipferd.

Exterieur: Kurzer, recht edler Kopf mit breiter Stirn; gut angesetzter, muskulöser Hals; breite Brust, kräftiger, kurzer Rücken; abgeschlagene Kruppe mit tiefem Schweifansatz; wenig Behang; runde, flache Hufe; Farbe zu 95 Prozent Fuchs; in jüngster Zeit Schimmel häufiger. Größe ca. 155–160 cm Stockmaß.

Mechanik: Geräumiger Schritt; raumgreifende, energische Trabaktion.

Zuchtgebiete, Gestüte: Deutschland, nordwestlicher Teil Schleswig-Holsteins; ausschließlich bäuerliche Zucht.

Geschichtliches: Bodenständige Rasse der nordfriesischen Marschen. Ursprünglich hoher voll- und warmblütiger Erbanteil. Entscheidender Einfluß durch 1860 erfolgte Einfuhr des Suffolk-Hengstes *Oppenheim LXII*, dessen Enkel *Aldrup Munkedal 839* Stammvater der Zucht wurde; 1891 Gründung des Verbandes Schleswiger Kaltblutzüchter. Nach dem II. Weltkrieg Einkreuzung von französischem Kaltblut, um Schleswiger praktischer und gängiger zu machen. In den letzten Jahren Import von Zuchtmaterial aus Jütland, um entstandenen Substanzverlust auszugleichen.

Schwedisches Warmblut

__Typ und Verwendung:__ Edler, harter, mittelgroßer Reitpferdtyp; Prototyp der leichten Kavallerieremonte; hervorragende Eignung für Dressurzwecke; zuverlässig, nervlich unkompliziert.

__Exterieur:__ Nobles Gesicht, günstig angesetzter Hals, gut gelagerte Schulter, markierter Widerrist, muskulöser Rücken; manchmal etwas kurze Kruppe mit nicht sehr ausgeprägter Muskulatur; ausgesprochen korrektes, kräftiges Fundament, hervorragende, harte Hufe. Farbe überwiegend bunter Fuchs, aber auch alle anderen Farben, einschließlich Falben und Isabellen. Größe ca. 153–160 cm Stockmaß.

__Mechanik:__ Solide Grundgangarten, keine Schaugänge; ausgezeichnete Galoppade; Springanlagen.

__Zuchtgebiete, Gestüte:__ Süd- bis Mittelschweden, vor allem Skåne, Hengstdepot Flyinge bei Lund; Östergötland, Mälardalen.

__Geschichtliches:__ Bereits im Mittelalter auf Gütern der schwedischen Ritterschaft und Geistlichkeit Verwendung von orientalischen und westeuropäischen Hengsten zur Veredelung des heimischen Landschlages. Bis Mitte des vorigen Jahrhunderts wenig planmäßige Zucht. Erst ca. 1850 Einigung auf bestimmten Warmbluttyp, zu dessen Erreichung Anglo-Normänner, später vor allem Hannoversches, Arabisches und Ostpreußisches Blut beigetragen haben. Hauptimpulse vom Staatsgestüt Flyinge bei Lund. Heute fest konsolidierte Zucht. Nach dem II. Weltkrieg Verwendung qualitätvoller Trakehner, Hannoverscher sowie ausgesuchter Englischer Vollbluthengste. Seit 1980 stutbuchmäßige Anerkennung der Holsteiner Zucht, aus der einige Beschäler zur Verbesserung der Springanlagen importiert wurden.

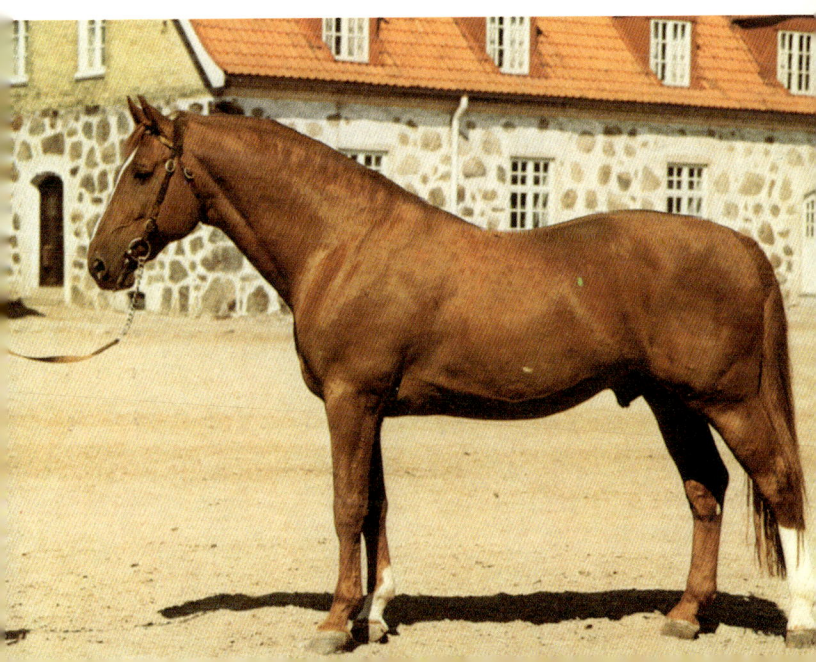

Scottish Highland Pony

<u>Typ und Verwendung:</u> Größte und kräftigste britische Ponyrasse; beliebter „shooting pony" für Hochgebirgsjagd; eifrig, ausdauernd, intelligent, gelehrig; idealer Säumer; große Tragkraft; unverwüstliche Konstitution; frommer Charakter; neuerdings Verwendung für Ponytrekking; zwei Typen: Inselpony (Western Isles Pony) und Festlandpony (Garron); Inseltyp in zwei Untertypen unterteilt.

<u>Exterieur:</u> Feiner, edler Kopf; kräftiger Rücken; steile, kurze Schulter; kräftige, solide Vorderhand; kurze, stark abschüssige Kruppe und niedrig angesetzter Schweif; oft kuhhessige Stellung hinten; deutlich ausgebildeter Behang; Farbe meist Falb in verschiedenen Tönungen mit Aalstrich und Schulterkreuz, oft mit schwarzen Flecken oder weißen Haaren in Mähne und Schweif; auch Schimmel sowie Füchse mit hellem Langhaar, Braune und Rappen. Größe: Garron 145–147 cm, Western Isles Pony 124–145 cm Stockmaß.

<u>Mechanik:</u> Trittsichere Bewegungen; Galoppiervermögen; Springanlagen.

<u>Zuchtgebiete, Gestüte:</u> Großbritannien, Inseltyp auf den der schottischen Westküste vorgelagerten Inseln Rum, Arran, Skye, Barra etc. Festlandtyp auf schottischem Hochland (Mainland).

<u>Geschichtliches:</u> Bodenständige Ponyrasse, seit jeher für die Gebirgsjagd verwendet. Inselponys besitzen einen gewissen Anteil an arabischem Blut. So importierten die Mac Neils von der Insel Barra ebenso wie auch die Züchter auf Mull Araberhengste. Festland-Ponys führen unter ihren Ahnen Hengste französischer Rassen, die Ludwig XII. an Jacob IV. von Schottland sandte. Für militärische Zwecke mit Englischem Vollblut veredelt.

Selle Français, Cheval de

Typ und Verwendung: Stattliches, starkes Warmblutpferd für alle Zwecke; hochklassiges, edles Reit- und vor allem Springpferd, gängiges Wirtschaftspferd; frommer, gutmütiger Charakter; energisches, lebhaftes Temperament.

Exterieur: Nicht ausgesprochen kleiner Kopf mit gerader oder konvexer Nasenlinie; hochangesetzte, lange Ohren; Hals hochangesetzt, lang, muskulös; gutmarkierter, langer, breiter Widerrist; bedeutende Gurttiefe; lange, schräge Schulter; lange, breite, gutbemuskelte Kruppe; tief hinabreichende, deutlich ausgebildete Hosen; häufigste Farbe braun, doch auch Fuchs u.a.; Größe 160–170 cm Stockmaß und darüber.

Mechanik: Elastische, energische, raumgreifende Bewegungen in allen drei Gangarten; oft ausgezeichnet durch brillante, hohe, nicht selten unregelmäßige Knieaktion; mit großem Galoppier- und Springvermögen begabt.

Zuchtgebiete, Gestüte: Frankreich: Normandie und angrenzende Gebiete, l'Orne, Hauptgestüt le Pin, Hengstdepot Saint Lô, le Merlerault, le Cotentin; Zentren der Reitpferdezucht vor allem la Manche und Calvados. Als Selle Français gelten seit 1967 alle bei der „Association du Studbook du Cheval de Selle Français" eingetragenen Pferde.

Geschichtliches: Race Normande, die den Hauptanteil der Selle Français-Zucht stellt, geht der Überlieferung nach zurück auf alte Armorikanische Rasse und hatte zur Zeit der Maurenherrschaft in Südfrankreich ihre Blüte. Seit Kreuzzügen Aufwärtsentwicklung bis Regierung Ludwigs XIII. Unter Ludwig XIV. und XV. rapider Niedergang. Reformation des Gestütswesens der Normandie unter Ludwig XVI.; erstmalige Einfuhr Englischen Vollbluts. Durch ständige Remontierungen während der Revolution, im Directoire und unter

Napoleon fast völliger Untergang der alten Race Normande. Von 1830 an Wiederaufbau der Zucht durch systematische Einkreuzung Englischen Vollbluts und Einführung von Leistungsprüfungen. Um die Jahrhundertwende begehrtester Karossier des Kontinents; mit der Motorisierung Rückgang des Karossier- und des Wirtschaftstyps. Der mit Englischem Vollblut veredelte Typ Selle heute international besonders als Springpferd geschätzt (*Lutteur, Pomone B, Kairouan* etc.). Durch Erlaß des Landwirtschaftsministeriums von 1958 Zusammenfassung aller französischen Halbblutrassen unter der Bezeichnung Cheval de Selle Français (Französisches Reitpferd). Baut hauptsächlich auf dem Anglo-Normänner auf. Selle Français hervorragend geeignet für alle Sparten des Reitsports, hat sein eigenes Stutbuch „Selle Français", das alle vier Jahre von der französischen Gestütsverwaltung herausgegeben wird, mit einem Nachtrag jeweils nach zwei Jahren. Normänner Warmblut stellt auch Ausgangsrasse für Trotteur Français dar. Erhebliche Bedeutung des Anglo-Normänners für eine Reihe europäischer Warmblutzuchten; so Oldenburg (*Normann;* in jüngster Zeit *Condor, Furioso II, Futuro*), Württemberg (*Faust*), Ungarn (*Nonius*); aber auch Niederlande und Schweiz.

Shan, Burmesen Pony (ohne Foto)

Typ und Verwendung: Kräftiger, dem Manipur nahestehender Ponytyp, etwas größer; ebenso deutlicher Mongolenpony-Einfluß, doch erheblicher Fremdblutanteil; kräftig und willig, enorm zäh, ausdauernd, genügsam; Verwendung vor allem unter dem Sattel; während der Kolonialzeit teils auch als Polopony, obgleich etwas wenig Galoppiervermögen.
Exterieur: Meist recht hübscher Kopf; günstig geformter Hals; steile Schulter; mäßig bemuskelte Hinterhand; kräftige Gliedmaßen; extrem harte Hufe; Farbe oft rehbraun mit Zebrastreifung an den Unterarmen und Aalstrich, teils auch Falb; Größe ca. 125–132 cm Stockmaß.
Mechanik: Kurze Bewegungen, trittsicher.
Zuchtgebiete, Gestüte: Burma, sogenannte Shan-Staaten, gebirgiger Osten Burmas.
Geschichtliches: Bodenständiger, auf Mongolenpony zurückgehender Ponyschlag; im Laufe der Jahrhunderte vor allem orientalisches Blut in größerer Menge zugeführt; während britischer Kolonialherrschaft Einkreuzung von Arabern.

Shetland Pony

Typ und Verwendung: Kleinster, halbwilder Pony; anspruchslos, widerstandsfähig gegen extreme Witterungseinflüsse. In seiner Heimat trotz Kleinheit zum Reiten und als Packpony sowie vorm Wagen verwendet. Heute auf der ganzen Welt verbreiteter, beliebter Kinderpony.
Exterieur: Oft großer, doch edler Kopf; kleine, spitze Ohren; nicht selten tief angesetzter, kurzer Hals; kräftiger, breiter Rücken; gut bemuskelte Nierenpartie; abschüssige Kruppe mit tiefangesetztem Schweif; gut gelagerte

Schulter; kräftige Gliedmaßen, oft kuhhessig; gesunde, harte Hufe; stark entwickeltes Mähnen- und Schweifhaar, Behang; große Farbvielfalt, Abzeichen und Scheckung häufig; Größe oft unter 100 cm, selten über 110 cm Stockmaß.

Mechanik: Fleißige Aktion in Schritt und Trab, Galoppier- und Springvermögen.

Zuchtgebiete, Gestüte: Großbritannien, die zu Schottland gehörenden Shetland- und Orkney-Inseln; halbwilde Herdenhaltung; Züchtervereinigung: „The Shetland Pony Stud Book Society", Perth; Nachzuchtgebiete weit verbreitet in Europa, USA, Australien, Südafrika.

Geschichtliches: Bodenständige Zwergpferdrasse, bereits zur Wikingerzeit erwähnt. Geprägt durch extrem harte Lebensbedingungen auf den Inseln. Bis Mitte des 19. Jahrhunderts frei von fremdem Einfluß. Da es auf den Inseln keine Straßen gab, wurden alle Transporte von den Ponys bewältigt. Nach Beginn der Verwendung von Ponys in Kohlengruben jährlicher Export von ca. 500 Shetland Ponys über Aberdeen. Da die Händler stets die besten Ponys kauften, ging die Qualität der Rasse zurück, bis 1870 Lord Londonderry auf den Inseln Bressay und Noss ein Gestüt einrichtete, für das er das beste Zuchtmaterial auf allen Inseln zusammenkaufte. Sein Hengst *Jack* hatte als Stammhengst tiefgreifenden Einfluß auf die Zucht. Seit Ende vorigen Jahrhunderts Siegeszug als Kinderpony über die ganze Erde. In den USA wurde ein eigener, sehr viel edlerer Reitpferde-Typ im American Shetland Pony entwickelt, durch ausschließlich selektive Zucht mit importierten Qualitätsponys des originalen Inseltyps.

Shire

Typ und Verwendung: Gewaltiges, kaltblütiges Arbeitspferd mit Riesenkräften; gutmütiger Charakter, ruhiges Temperament.

Exterieur: Klobiger Kopf mit breiter Stirn; kleine, gut angesetzte Ohren; gut getragener, langer Hals mit langer, dichter, üppiger Mähne; nicht zu schräge, gut gelagerte Schulter; tonnenförmig gewölbte Rippen; kräftiger, kurzer Rücken; lange, breite, stark bemuskelte Kruppe; hoch angesetzter und getragener, dicht behaarter Schweif; für ein Kaltblutpferd ausgesprochen langbeinig; kräftige, bemuskelte Unterarme und Hosen; breite, starke Gelenke; ziemlich steile Hinterhand; kurze, kräftige Fesselung; Behang dicht, fast seidig; große, feste Hufe mit gesundem Strahl; häufigste Farben braun und dunkelbraun, Rappen seltener; ziemlich viel weiße Abzeichen an Kopf und Gliedmaßen. Widerristhöhe über 172 cm Stockmaß.

Mechanik: Raumgreifender Schritt; fördernde, energische Aktion im Trab.

Zuchtgebiete, Gestüte: Ursprünglich nur in den sogenannten „Shires", heute über ganz England und Irland verbreitet. Züchtervereinigung: „The Shirehorse Society of the United Kingdom of Great Britain and Ireland".

Geschichtliches: Bereits in der Antike berühmt, im Mittelalter als schwerstes ritterliches Turnierpferd verwendet. Vermutlich von importierten Westfriesischen Rappen beeinflußt. Bis zu Zeiten Königin Elisabeths I. als das „Große Pferd" Englands bezeichnet. Seit etwa 200 Jahren unter dem Namen Shire bekannt. Shire Horse Society 1878 begründet. Heute hauptsächlich zu Schauzwecken gehalten.

Sorreia, Garranos

Typ und Verwendung: Primitiver Pony der Iberischen Halbinsel, ursprünglich, wenig veredelt; verwendet als Reitpferd der Rinderhirten und für leichte Spanndienste; hart, genügsam, ausdauernd; verträgt auch extreme Klimaschwankungen.

Exterieur: Langes, oft ramsnasiges Gesicht mit kleinen Augen und langen Ohren; langer, dünner Hals mit Unterhals; steile Schulter; langer Rücken; abgeschlagene Kruppe; stabile Gliedmaßen und Hufe; Farben meist Falb oder Mausfalb mit Aalstrich und Zebrastreifung an den Unterarmen; üppiges schwarzes Langhaar; schwarze Ohrenspitzen; Größe ca. 132–145 cm Stockmaß.

Mechanik: Sehr trittsicher, Galoppiervermögen.

Zuchtgebiete, Gestüte: Spanien, Ebene entlang dem Fluß Sorreia und Quellflüssen, Wildherde.

Geschichtliches: Früher sehr weit verbreiteter, primitiver Ponytyp der Iberischen Halbinsel, der bereits im Neolithikum in fast gleicher Form existierte, kaum veredelt. Seit Jahrhunderten von den Rinderhirten als Hirtenpferd verwendet. Heute zahlenmäßig stark zurückgegangen. Die einzige noch vorhandene reinrassige Herde befindet sich im Besitz von Dr. Ruy d'Andrade und seinem Sohn, nahe dem Dorf Garray.

Sowjetisches Kaltblut

Typ und Verwendung: Schweres Kaltblutarbeitspferd; trocken, leistungsfähig und willig; anspruchslos in Haltung und Fütterung; zur Verbesserung bodenständiger landwirtschaftlicher Rassen verwendet.

Exterieur: Kleiner Kopf; kurzer, massiver Hals; niedriger Widerrist; mittellange, breite Nierenpartie; gutentwickelte, breite, abschüssige Kruppe; ausgezeichnete Rippenwölbung; knochige, starke Gliedmaßen; Farben: Fuchs, braun und Fuchsschimmel; durchschnittliche Größe: Hengste 160 cm, Stuten 157 cm Stockmaß.

Mechanik: Ausgezeichnete Schritt- und Trabbewegung.

Zuchtgebiete, Gestüte: UdSSR: Potchinkowski- und Mordowski-Gebiet, zahlreiche Gestüte und Kolchosen.

Geschichtliches: Die Zucht entstand nach der Revolution durch Kreuzung von Stuten lokaler Zugpferderassen mit Belgischen, Ardenner- und Percheronhengsten in zahlreichen Gebieten des europäischen Teils der UdSSR nach einem Plan der Allrussischen Zootechnischen Kommission, unter scharfer Selektion vor allem auf Gängigkeit, Beweglichkeit und Klimaverträglichkeit. 1940 erklärte man die Rassenbildung für abgeschlossen.

Suffolk Punch

Typ und Verwendung: Starkes, ausdauerndes, eifriges Kaltblutpferd; ausgesprochen leichtfuttrig; zugfest; guter Charakter, frommes Temperament; langlebig. Geeignet für Kreuzung mit Warm- oder Vollblut zur Erzeugung leistungsfähiger, gängiger Pferde mit großem Springvermögen.

Exterieur: Ziemlich edle Kopfform; kurzer, breiter Hals; lange, allerdings oft steile Schulter; bedeutende Gurttiefe; kurzer, starker Rücken mit kräftiger Nierenpartie; schön geformte, breite, lange Kruppe; gut bemuskelte, starke, trockene Extremitäten; kurze, kräftige Fesselung; Farbe fast ausschließlich Goldfuchs ohne Abzeichen. Kaum Behang. Größe ca. 160 cm Stockmaß.

Mechanik: Korrekte, energische, raumgreifende Aktion im Schritt und Trab; Galoppiervermögen; Anlage zum Springen. Ausgezeichnete Balance.

Zuchtgebiete, Gestüte: England, Suffolk, District Sandlings; Zucht völlig in bäuerlicher Hand. Züchtervereinigung: „The Suffolk Horse Society".

Geschichtliches: Bodenständig in der Grafschaft Suffolk, Ostengland. Name geht, laut Camdens „Britannia", zurück bis 1506. Bemerkenswert ist, daß heute jedes Pferd dieser Rasse von einem Stammhengst, *Crisp's Horse,* abstammt, der 1768 geboren wurde. Im Laufe der Zeit mit allen möglichen Rassen gekreuzt. Bedeutenderer Einfluß nur durch Lincolnshire-Trotter-Blut. Gründung der Suffolk Horse Society 1877. Seitdem Reinzucht. Einfluß auf die Entstehung der Jütischen und der Schleswiger Zucht um 1860 durch den Suffolkhengst *Oppenheim LXII..*

Tennessee Walking Horse

<u>Typ und Verwendung</u>: Elegantes, warmblütiges Reit- und Wagenpferd; intelligent; freundliches, gutmütiges Wesen; „Everybody's Pleasure Horse".

<u>Exterieur:</u> Edler Kopf mit intelligentem Auge, dessen Oberlid manchmal etwas vorfällt, leichte Ramsnase; getragener, muskulöser Hals; kurzer, strammer Rücken; massive Nierenpartie; lange, gut bemuskelte Kruppe mit hoch getragenem Schweif (meist operativ unterstützt); lange, gepackte Schulter; etwas schwache Sprunggelenke und lange Röhren; Farben braun, Rappe, schwarzbraun, Fuchs, Isabell, Falb; oft weiße Abzeichen an Kopf und Gliedmaßen; Größe 155–160 cm Stockmaß.

<u>Mechanik:</u> Ungewöhnlich raumgreifender Schritt („Flatfooted Walk", „Running Walk"), Galoppiervermögen („Rocking-Chair Canter").

<u>Zuchtgebiete, Gestüte:</u> USA, Tennessee; Tennessee Walking Horses alle bei der „Tennessee Walking Horse Breeders' Association of America", Lewisburg, eingetragenen Pferde.

<u>Geschichtliches:</u> Hat sich aus altem „Plantation Horse" der ersten Ansiedler Tennessees unter Einkreuzung von Englischem Vollblut, Traber, Paßgänger usw. entwickelt. Gründung der „Tennessee Walking Horse Breeders' Association of America" erst 1935 mit nur 115 ausgewählten Pferden. Gründerhengst *Allan* ging väterlicherseits auf American Standardbred Hengst *Hambletonian 10* zurück, Mutter war gemischt Morgan-Narragansett Pacer Abstammung. Bedeutendste Linienbegründer *Midnight Sun* und *Merry Go Boy.*

Tersker

Typ und Verwendung: Orientalischer Reitpferdetyp; stärker, korrekter, größer als Vollblutaraber; gelehrig, willig; gute Dressurveranlagung, Eignung für Zirkus; auch für Military und Rennen (Hengstleistungsprüfung) verwendet.

Exterieur: Trockener Araberkopf, konkaves Profil; großes, lebhaftes Auge; schön getragener, geschwungener Hals; markierter Widerrist; kurzer Rükken; muskulöse Nierenpartie und Kruppe; Fundament kräftig, trocken, klar; gute Hufe; Farbe fast ausschließlich Schimmel, selten Fuchs; Größe ca. 154 cm Stockmaß.

Mechanik: Vorzügliche Grundgangarten, beachtliches Galoppiervermögen, Springanlagen.

Zuchtgebiete, Gestüte: UdSSR, Gestüt Stawropol, Nordkaukasus.

Geschichtliches: Der Tersker entstand im Bestreben, die Streletzker-Rasse des 19. und frühen 20. Jahrhunderts zu erhalten bzw. wiedererstehen zu lassen, die durch den I. Weltkrieg und die Revolutionswirren fast völlig vernichtet worden war. Geblieben waren die Hengste *Zylinder* und *Zenitel* sowie sechs Streletzker Stuten. Aus ihrer Paarung im Gestüt Tersk mit Vollblut- und Halbblutarabern entstandene Produkte wurden untereinander weitergepaart, zugleich streng auf den alten Streletzker Typ hin selektiert. Starke Inzucht zur Typ-Fixierung. Konsolidierungsprozeß 1948 abgeschlossen; Rasse offiziell anerkannt. Heute sieben Hengstlinien: *Zylinder, Zenitel, Sylvan, Zenny II, Zylinder II, Zentar* und *Marosch*. Prüfung des Zuchtmaterials auf der Rennbahn Pjatigorsk.

Torgelsches Pferd, Torisches Pferd

<u>Typ und Verwendung</u>: Kräftiges, warmblütiges Wagen- und Reitpferd. Zwei Typen: ein schwerer, mehr für landwirtschaftliche Zwecke, und ein leichter, auch für Sportzwecke geeignet; große Ausdauer und Zugkraft; kräftige, trockene Konstitution; guter Futterverwerter für Rauhfutter und Hackfrüchte; sehr langlebig; gutmütiger Charakter; teilweise Verwendung zur Verbesserung lokaler Rassen.

<u>Exterieur:</u> Ausgesprochen langrechteckiges Format; langer Rumpf, kurze Gliedmaßen; mittelgroßer Kopf; breite Stirn; mittelgroße, aufrechtstehende Ohren; große, lebhafte Augen; weite Nüstern; breite Ganaschen; mittellanger, muskulöser Hals; breiter, nicht sehr hoher Widerrist; Rücken gerade und kurz; feste Lendenpartie; Kruppe mäßig abfallend, sehr lang, weniger breit; relativ flache Rippen; gutausgebildete Bemuskelung; trockene Extremitäten; starke Gelenke; gutmarkierte Sehnen; mittelgroße Hufe aus festem Horn; häufigste Farbe Fuchs; durchschnittliche Größe: schwerer Typ: Hengste 155 cm, Stuten 154 cm Stockmaß; leichter Typ: Hengste 154 cm, Stuten 153 cm Stockmaß.

<u>Mechanik:</u> Sehr spezifische, exakte Bewegungen im Schritt und Trab; gutes Galoppiervermögen; Anlagen zum Springen.

Zuchtgebiete, Gestüte: UdSSR, Estnische Republik; der Name leitet sich von dem Gestüt Torgel ab, gegründet 1855 an der Pernau.

Geschichtliches: Entstanden aus heimischem Klepper (ähnlich dem finnischen Klepper) durch Einkreuzung von Araber, Ardenner, Norfolk, Ostfriese, Hannoveraner, Orlowtraber und in neuerer Zeit Postier und Bretone. Besondere Bedeutung für die Zucht erlangten der 1888 eingeführte Orlowhengst *Jantar* sowie der um 1890 eingeführte polnische Hengst *Hetman*.

Trait du Nord

Typ und Verwendung: Gewaltiger, kaltblütiger Arbeitsschlag; ausgezeichnetes, energisches Temperament und Charakter.

Exterieur: Dem Ardenner ähnlich, doch ihn an Größe, Schwere, Brustbreite übertreffend. Mächtiges Knochengerüst; kräftige Muskulatur; Farbe meist braun, Braunschimmel, Fuchs, Fuchsschimmel; Größe ca. 160–170 cm Stockmaß.

Mechanik: Fördernder Schritt; energischer, raumgreifender Trab.

Zuchtgebiete, Gestüte: Das an Belgien grenzende Gebiet Nordfrankreichs bis Nièvre im Süden.

Geschichtliches: Aus einer Verschmelzung der Ardenner Rasse mit dem Belgier hervorgegangen. Heute nur noch Schlachtfohlenproduktion.

Trakehner

Typ und Verwendung: Heute neben den Vollblutrassen edelste Reitpferd-
rasse Deutschlands. Leichtes, nobles, elegantes, edles Reitpferd im anglo-
arabischen Typ. Früher die ideale Remonte der leichten Kavallerie; *das* Mili-
tary- und Jagdpferd. Zäh, hart, genügsam, ausdauernd, leichtfuttrig, beweglich, lebhaftes Temperament, nicht immer ganz einfacher Charakter.
Exterieur: Große allgemeine Trockenheit; schön aufgesetzter, leichter, langer Hals; feiner, edler Kopf, manchmal Hängeohren; hoher Widerrist; nicht
selten etwas knappe Schulter; kräftiger, elastischer Rücken mit guter Sattellage; nicht immer lange, schräge, gut bemuskelte Kruppe; geschlossene Nierenpartie; tiefe, meist nicht sehr breite Brust; Gliedmaßen meist sehr trocken
und korrekt, oft leicht. Im ehemaligen Haupt- und Staatsgestüt Trakehnen
nach Farben gesondert gezüchtet: Füchse, Braune, Rappen, gemischte Herde; heute alle Farben außer Schecken, teilweise Abzeichen an Kopf und
Gliedmaßen; Größe 160 bis 170 cm Stockmaß.
Mechanik: Korrekte, schwungvolle Bewegungen; langer Schritt; flacher
Trab, keinerlei Knieaktion; großes Galoppiervermögen.
Zuchtgebiete, Gestüte: Bis 1945 Provinz Ostpreußen: Hauptgestüt Trakehnen; außerdem die Landgestüte Rastenburg, Georgenburg, Gudwallen, Ma-

rienwerder, Braunsberg; zahlreiche Privatgestüte (wie z. B. Weedern, Szirgu-pönen, Kilgis, Dombrowken, Dwarischken, Schlobitten, Wohnstorf, Steinort, Geisseln etc.). Heute Zucht des Ostpreußischen Warmblutpferdes Trakehner Abstammung unter Leitung und Kontrolle des Trakehner Verbandes, Neumünster/Holstein, in den Gestüten Rantzau, Hunnesrück-Erichsburg, Zweibrücken-Birkhausen, Panker, Schmoel, Neversfelde, Hohenschmark, Wetterade, Webelsgrund, Hämelschenburg, Schick, Vogelsanghof, Alpen, Hohenkirchen, Burg Miel, Bitburg, Karthäuserhof, Schwalling, Wäldershausen, Marbach, Schwaighof, Nannhofen, Hörstein und zahlreichen kleineren Zuchten. Als Warmblutpferde Trakehner Abstammung gelten alle Pferde, die beim Trakehner Verband, Neumünster, eingetragen sind und einen Brand des Verbandes tragen. Bedeutende Nachzuchten in der ganzen Welt, vor allem Polen und UdSSR, aber auch DDR, USA usw.

Geschichtliches: Ostpreußische Landespferdezucht bereits vor Kolonisierung durch Ritterorden bedeutend. Später Einfuhr orientalischer Hengste durch die Ordensritter. Gründung Trakehnens 1732 durch Friedrich Wilhelm I. Seit 1786 systematische Zucht auf der Grundlage des Ostpreußischen Landschlages unter starker Verwendung zunächst Arabischen und später Englischen Vollbluts. Die Stammväter der heutigen Ostpreußischen Hengste waren überwiegend Englische Vollblüter. Bedeutendster unter ihnen *Perfektionist XX,* vor allem durch seine Söhne *Jagdheld* und *Tempelhüter.* Bis 1945 wurde der Pferdebestand des deutschen Heeres vorwiegend aus der ostpreußischen Zucht remontiert, Ende 1944 ca. 44 000 Mutterstuten. Nach dem Zusammenbruch und dem Verlust Ostpreußens sowie des größten Teils seines Pferdebestandes Sammlung der versprengten Reste durch den Trakehner Verband und Wiederaufbau der Zucht aus dem Nichts. Anfangsstutenbestand in Westdeutschland 1945/46 ca. 700 Stuten. Bedeutende Rolle des Trakehners als Veredler zahlreicher Warmblutzuchten Westdeutschlands nach dem II. Weltkrieg, vor allem Hannover, Württemberg, Rheinland, Hessen, aber auch in der DDR sowie in der UdSSR und in Polen. Bedeutendste Vertreter der Ostpreußischen Hengstlinien in Westdeutschland nach 1945 waren: Dampfroß-Linie:*Totilas, Kassio, Pregel, Donauwind, Hessenstein, Karwendelstein, Herbststurm.* Perfectionist-xx-Linie: *Schöner Abend, Schabernack, Humboldt, Impuls, Kassius, Ilmengrund.* Morgenstrahl-Linie: *Altan, Pelion, Lateran.* Famulus-Linie: *Maharadscha, Flaneur;* Waldjunker: *Hansakapitän.*

Ukrainer (Foto S. 170)

Typ und Verwendung: Hochklassige, elegante Reitpferderasse der Ukraine; anglo-arabischer Halbbluttyp, homogene Zucht; elegant, großrahmig, widerstandsfähig, gesund; gutes, ruhiges Temperament; gelehrig, willig; Eignung für Dressur, Military und andere reitsportliche Disziplinen.

Exterieur: Edler, kräftiger, recht großer anglo-arabischer Halbblüter, etwa unserem Trakehner (s. d.) vergleichbar; Farben meist braun (ca. 50%), Fuchs (ca. 30%) und Rappe (ca. 10%); Größe ca. 166 cm Stockmaß, teils größer.

Mechanik: Energische, ausbalancierte Grundgangarten; beachtliches Galoppiervermögen; Springanlagen.

Zuchtgebiete, Gestüte: UdSSR, Ukraine; Gestüte Alexandrija, Derkulsk, Dnjepropetrowsk, Jagolnizk sowie größere Zuchtfarmen im Gebiet von Dnjepropetrowsk, Kirowgrad und Charkow.

Geschichtliches: Bereits bei den Saporoger Kosaken, die etwa bis zur II. Hälfte des 18. Jahrhunderts am Dnjepr siedelten, erstklassige Reitpferdezucht. Später wurde in dem Gebiet durch Graf Orlow-Tschesmenskoj (1757–1809) die Orlow-Reitrasse und durch Graf Rostopchin (1763–1826) die Rostopchiner Reitrasse begründet; seit II. Hälfte 19. Jahrhundert zur sogenannten Orlow-Rostopchiner oder Russischen Reitrasse vereinigt; Zucht ging im I. Weltkrieg und in Revolutionswirren fast völlig zugrunde. Als Sowjetregierung Maßnahmen zur Rettung einleitete, existierten nur noch einige Dutzend Orlow-Rostopchiner. Zur Ergänzung Verwendung von ungarischem und deutschem Warmblut sowie Englischem Vollblut. Stammhengst der neubegründeten Rasse letzter Orlow-Rostopchiner Hengst *Buket* bzw. Sohn *Bespetschny* (aus Trakehner Stute *Plastik*). Heute drei einander ergänzende Zuchtlinien, jeweils durch Kombinationskreuzung entstanden: 1. Orlow-Rostopchin × Trakehner × Gidran, 2. Englisches Vollblut × Hannoveraner × Gidran und 3. Englisches Vollblut × Orlow-Rostopchin × Trakehner, um nicht zu eng im Blutaufbau zu werden.

Waler

Typ und Verwendung: Englische Halbblutrasse Australiens; hochklassiger Reitpferdtyp, dem englischen Huntertyp nahe, mit hervorragenden Springanlagen.

Exterieur: Dem englischen Halbblut nahestehend, großlinig mit bedeutenden Points.

Mechanik: Hervorragendes Galoppier- und Springvermögen. Ausgezeichnete Grundgangarten.

Zuchtgebiete, Gestüte: Australien, vor allem Queensland, aber auch New South Wales; Große Privatgestüte: Fenwick Stud bei Melbourne, Newbridge Stud bei Sydney, Stony Park Stud bei Alburg.

Geschichtliches: Ursprünglich gab es auf dem australischen Kontinent kein bodenständiges Pferd. Erste Pferdeimporte nach New South Wales 1795 vom Kap der Guten Hoffnung und aus Chile. Stammzucht des Walers holländisch-spanischen Ursprungs, wobei Araber und Berber als eigentliche Vorfahren angesehen werden müssen. Da die Siedler großen Bedarf an Reitpferden hatten und auf Qualität bedacht waren, bald Einfuhr reinblütiger Araber und Englischer Vollblüter. Zwischen 1815 und 1855 war der Waler eines der besten Reitpferde der Welt. Export von Kavallerie- und Artillerieremonten nach Indien. Seit 1826 Rennen in Australien, die entscheidend mithalfen, das australische Pferd zu verbessern.

Welsh Pony und Cob

Der Welsh Pony ist eine der beliebtesten Ponyrassen Großbritanniens. Bodenständige keltische Zucht, die seit Urzeiten, mindestens aber seit der Antike, in Wales besteht; gehört in die Gruppe der Berg- und Moorponys der Britischen Inseln.
Man unterscheidet 4 Unterabteilungen:
1. Welsh Mountain Pony (Abteilung A des Stutbuchs)
2. Welsh Pony (Abteilung B des Stutbuchs)
3. Welsh Pony im Cob-Typ (Abteilung C des Stutbuchs)
4. Welsh Cob (Abteilung D des Stutbuchs)

Welsh Mountain Pony

Typ und Verwendung: Typtreuer, mittelgroßer, harter, ausdauernder, lebhafter, langlebiger Gebirgspony.
Exterieur: Kopf klein, trocken, ausgesprochen ausdrucksvoll, recht arabisch, feine Nüstern und Maulpartie, große dunkle, lebhafte Augen; kleine, gutplazierte, gespitzte Ohren. Übergang Kopf-Hals leicht, ohne starke Ganaschen. Hals selbst bei Stuten einigermaßen lang, bei Hengsten im Alter oft verfettet; Schulter gut gelagert und lang. Widerrist mäßig stark ausgebildet. Rücken als Erbe des alten Waliser Bergponys häufig etwas matt; kräftige Nierenpartie; mächtige, ziemlich abfallende Kruppe. Gurttiefe und Rippenwölbung beachtlich. Gliedmaßen kräftig, Vordergliedmaßen stark, korrekt, Hintergliedmaßen meist kuhhessig. Kleine, zähe, wohlgeformte Hufe. Häufigste Farben Braun-, Rapp- und Fuchsschimmel, aber auch alle anderen Farben (z. B. Falben usw.) außer Schecken. Größe ca. 130–140 cm Stockmaß.
Mechanik: Bewegungen im Schritt und Trab ausgezeichnet, gute Schulterfreiheit; Galopp bodendeckend; auffallend gutes Springvermögen.
Zuchtgebiete, Gestüte: Großbritannien, Bergland von Wales; Aberystwyth, Cardiganshire, North Wales. Halbwilde Aufzucht. Zahlreiche Nachzuchtgebiete. Züchtervereinigung: „Welsh Pony and Cob Society".
Geschichtliches: Zucht wahrscheinlich seit vorgeschichtlicher Zeit in Wales heimisch. Immer wieder Einkreuzungen von fremdem Blut. Nachhaltiger Einfluß durch systematische Zufuhr arabischen Blutes in den letzten 150 Jahren. Mechanik vor allem durch Hackneyblut beeinflußt. Soll der Sage nach bei Entstehung der Englischen Vollblutrasse eine Rolle gespielt haben; tatsächlich für Polopony-, Hackney- und Hunterzucht verwendet und vor allem zur Erzüchtung des Welsh Cob.

Welsh Pony

Der Welsh Pony unterscheidet sich von dem eigentlichen Gebirgspony dadurch, daß er mehr im Reit- bzw. Showponytyp steht; Formen etwas eleganter, Bewegungen noch leichter und fördernder, jedoch typischer Ponycharakter, Härte, Substanz und Knochenstärke sowie gutes Temperament erhalten. Größe darf nicht über 137,2 cm Stockmaß betragen.

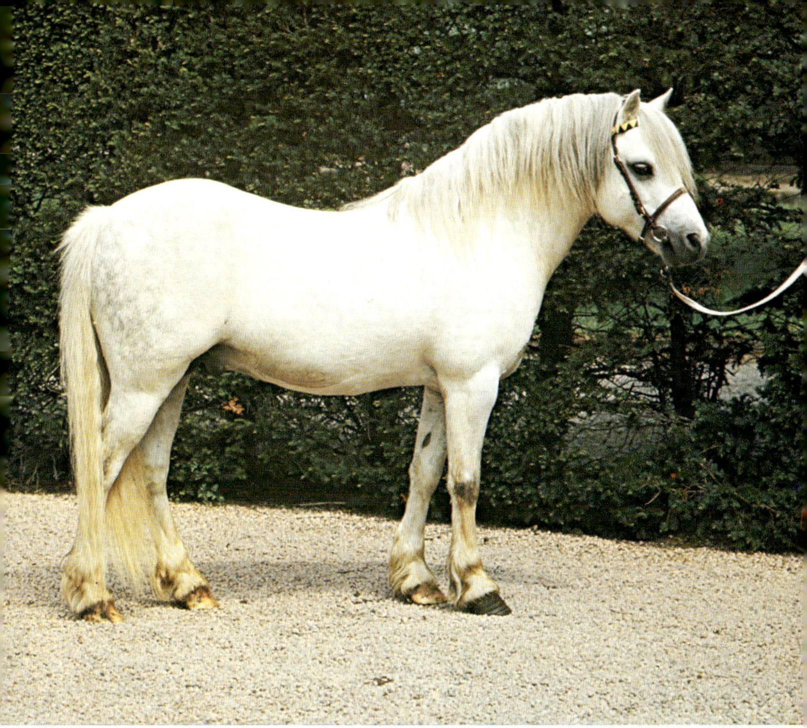

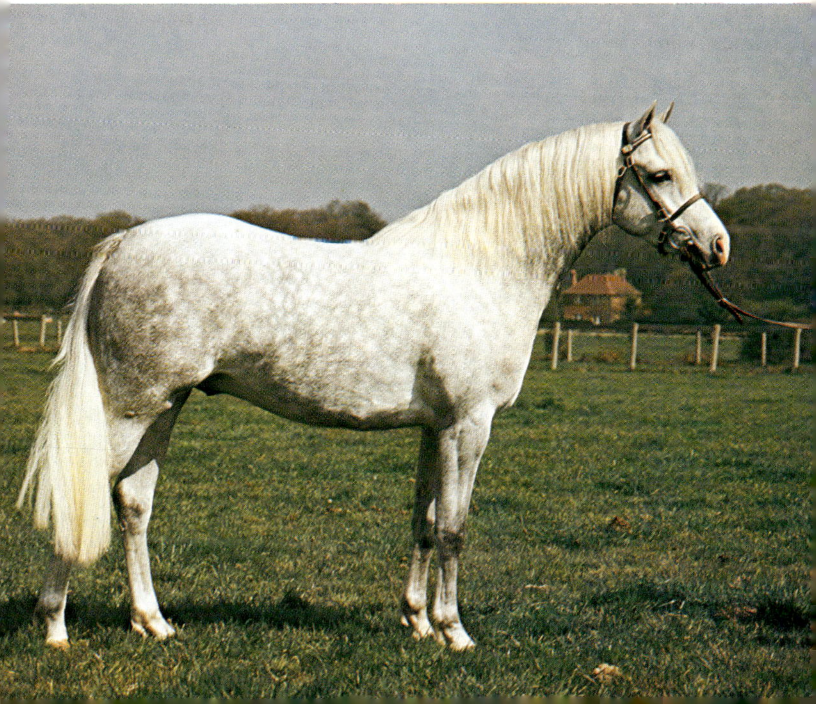

Welsh Pony im Cob-Typ

Ursprünglich hauptsächlich im Gebiet von Breconshire und Radnorshire gezüchtete kleinere Cob-Ausgabe. Entstanden aus Kreuzung von Welsh Mountain Pony und Welsh Cob. Früher vielfach von der Gebirgsinfanterie und für militärische Zwecke genutzt, heute eleganter Kinderpony im Reitpferdetyp mit vorzüglichen Grundgangarten und ausgezeichneten Springanlagen. Farbe meist Schimmel, aber auch andere Farben; Größe bei 142 cm Stockmaß.

Welsh Cob

Typ und Verwendung: Kräftiges, hartes Kleinpferd; Ponycharakter, arabischer Überguß; in früheren Zeiten auf den Höfen der walisischen Bergbauern für sämtliche anfallenden landwirtschaftlichen Arbeiten genutzt, sowie als Reit- und Packpferd, zur Jagd und von der Armee, vor allem den Gebirgstruppen.
Exterieur: Edler, kleiner Kopf, viel Ausdruck (arabisch beeinflußt). Weitgestellte, ziemlich stark vortretende große, feurige Augen. Ohren klein und gut angesetzt. Hals lang, gut angesetzt, bei Hengsten leicht zum Verfetten neigend; Schulter gepackt, lang, schräg; nicht sehr ausgeprägter Widerrist; oft

174

etwas weicher Rücken; Gliedmaßen kräftig (oft lange Röhren), gut gestellt; kleine, gut geformte, harte Hufe; vielfach Schimmel, aber auch andere Farben, Schecken verpönt; Größe bis 152 cm Stockmaß und mehr.

Zuchtgebiete, Gestüte: Großbritannien, Wales, aber auch das übrige Großbritannien, beste Zuchten im Gebiet von Cardiganshire (Südwestküste von Wales); Züchtervereinigung: „The Welsh Pony and Cob Society".

Geschichtliches: Entstanden aus der alten bodenständigen Waliser Gebirgsrasse durch Einkreuzung von Arabischem und Englischem Vollblut. Bereits im 13. Jahrhundert Welsh Cob als Pony Cob am Hofe Richards I. beliebt. Die Sage berichtet, daß schon während der römischen Besatzung (55 vor bis 410 n. Chr.) ein Welsh Gestüt in Lake Bala, Merionethshire, bestand. Erste Zuchtgesetze von Howel Dda (909–949) für Wales erlassen. Von dem walisischen Dichter Tudur Aled wird der Cob bereits im 16. Jahrhundert in exakt seiner heutigen Gestalt beschrieben. Zwei ausgedehnte Gebiete widmeten sich besonders der Cobzucht: Cardiganshire und Pembrokeshire brachten einen größeren, stärkeren Typ hervor, den heutigen eigentlichen Cob, während man in Breconshire und Radnorshire einen etwas kleineren Typ züchtete, der das Ausgangsmaterial für die unter Section C des Stutbuchs registrierten Ponys darstellt. Einer der frühesten Stammväter der Welsh Cobzucht war der Vollbluthengst *Merlin XX*. Im vorigen Jahrhundert erheblicher Einfluß orientalischen Vollbluts.

Western Horses

Die Gruppe der Western Horses besteht aus einer Reihe von Reitpferdezuchten spanischen Ursprungs, die in Nordamerika entstanden sind und zunächst von Ranchern und Indianern gezüchtet wurden. Alle diese Zuchten sind aus dem Mustang hervorgegangen, der wiederum seine Entstehung Pferden verdankt, die den Conquistadoren entlaufen oder durch die Indianer geraubt worden waren und über Generationen wild in der Prärie gelebt haben. Einige Zuchten zeichnen sich durch besondere Farben oder Zeichnungen, andere durch bestimmte Leistungsanlagen aus. Zu den Farbtypen gehören Palomino, Albino, zu den Pferden mit besonderer Zeichnung Appaloosa, Pinto; der wichtigste Leistungstyp ist das Quarterhorse.

Alle Western Horses ursprünglich als Kriegspferde der Indianer (Appaloosa und Pinto) oder als Arbeitspferde der Cowboys als „Stockhorses" für „Cutting and Roping" verwendet, mit „Cow Sense" begabt, in „Western"-Reitweise und „Western Style"-Ausrüstung geritten.

Manche Zuchten wurden in letzter Minute vor dem Aussterben gerettet durch neuentstandene Züchtervereinigungen. Western Horses werden heute in zahllosen Schauklassen, Arbeitsklassen, Paradeklassen und bei Rodeos in den USA und Kanada vorgestellt und erfreuen sich größter Popularität.

Albino (Foto links)

Typ und Verwendung: Gruppe der „Western Horses". Keine konsolidierte Rasse. Verwendung als „Cutting Horse" und „Western Show Horse" sowie für alle Arten des Freizeitreitens. Gutartiger Charakter, ruhiges Temperament.
Exterieur: Weißgeborene Schimmel mit unpigmentierter Haut und fahlblauen oder -braunen Augen. Wohlproportionierte Pferde mit meist nicht sehr kleinen, geraden Köpfen. Sofern das Haar leicht gelblichen Schimmer zeigt, spricht man von „Cremellos". Krötenmaul und haarlose Ringe um die Augen nicht selten. Größe bis ca. 157 cm Stockmaß.
Mechanik: Flache, bodendeckende Bewegungen in allen drei Gangarten; trittsicher.
Zuchtgebiete, Gestüte: USA und Kanada; bedeutendstes Gestüt „White Horse Ranch", Nebraska.
Geschichtliches: „American Albino Horse Club" 1937 durch Cal Thomson begründet. Stammhengst *Old King,* geb. 1906; unbekannter, vermutlich gemischt arabischer und Morgan-Abstammung. In Nebraska erfolgreiche Bestrebungen, spezifische Schwächen der Albinos: Empfindlichkeit gegen starke Sonneneinstrahlung, behinderte Sehkraft, wegzuzüchten. 1970 Gründung einer eigenen Sektion für die Cremellos unter dem Namen „The American Creme Horse".

Appaloosa (Foto S.178)

Typ und Verwendung: Gruppe der „Western Horses". Ausdauerndes Reitpferd, sehr willig, gutartiger Charakter. Verwendung vor allem als „Roping" oder „Cutting Horse" und „Western Show Horse"; beliebtes Zirkuspferd.
Exterieur: Breiter, gerader Kopf; große, lebhafte Augen, die viel Weiß zeigen; gespitzte, kleine Ohren; muskulöser, hoch angesetzter Hals; tiefe, schmale Brust; kräftige, gerundete Kruppe mit hoch angesetztem Schweif; hervorstechendstes Merkmal der Rasse: ungewöhnliche Zeichnung und kurze, dünne Mähnen und Schweife („fingertailed" oder „rattailed" = „Finger"- oder „Rattenschweif"), deren Seidigkeit fast noch die des Orientalischen Vollbluts übertrifft. Vier Hauptarten der Zeichnung: 1. Schabrackenscheck (blanket pattern): Vorhand kräftig, meist rot- oder dunkelbraun gefärbt, Hinterhand, vor allem Lendengegend und Kruppe, von weißer Grundfarbe mit zahlreichen dunklen, runden oder ovalen, regelmäßig verteilten Flecken. 2. Schneeflockenscheck (snowflake or snowstorm pattern): gleichmäßig dunkel gefärbt mit nur wenigen weißen Sprenkeln über Nierenpartie und Kruppe. 3. Tigerscheck (leopard or polka-dot pattern): meist weiß, lichtgrau oder stichelhaarig gefärbt und über und über mit dunklen Flecken bedeckt. 4. Marmorscheck (mottled or marbleized pattern): meist braun, jedoch stichelhaarig mit einzelnen runden oder ovalen, manchmal verschwimmenden weißen Flecken. Große, oft von dunklen Flecken unterbrochene Blessen oder Sterne; häufig verschiedenfarbige Hufe und Birkaugen. Gesamteindruck harmonisch; Größe 145–155 cm Stockmaß.
Mechanik: Beachtliches Galoppiervermögen, Springtalent.

Zuchtgebiete, Gestüte: Weststaaten der USA und Kanada; vor allem Alberta (Cree-Indianer), Washington, Idaho, Oregon.

Geschichtliches: Pferde mit „Appaloosa"-Scheckung bereits auf Darstellungen früh-chinesischer Kunst. Gelangten mit mohammedanischer Eroberung über Afrika nach Spanien; Existenz von Pferden dieser Färbung im mittelalterlichen Spanien, Österreich und Ungarn nachgewiesen. Heutiger Appaloosa stammt von Pferden ab, die von den Conquistadoren nach Amerika eingeführt, von Indianern, vor allem Nez Percé, erbeutet und als eigene Rasse weitergezüchtet wurden. Stämme am Snake River bis südlich zu den Wallowa Mountains züchteten mehr als hundert Jahre unter sorgfältigster Selektion auf spezifische Appaloosa-Zeichnung. Name „Appaloosa" soll durch Verballhornung von „A Pelouse Horse" (von Pelouse country) zustande gekommen sein. 1938 Gründung des „National Appaloosa Stud Book".

Palomino (Foto rechts)

Typ und Verwendung: Gruppe der „Western Horses"; kleines, gepacktes Reitpferd; ausdauernd, zäh, widerstandsfähig; intelligent, „Cow Sense"; seit jüngster Zeit besonders beliebt als Kinder- und Showpony; freundliches Wesen.

Exterieur: Edler, trockener Kopf; große, dunkle Augen; kleine, spitze Ohren; gerade Nasenlinie; langer, schön getragener Hals; wenig Widerrist; gerundete, abschüssige Kruppe mit niedrig angesetztem Schweif; gut gelagerte Schulter, erhebliche Gurttiefe; hervorstechendstes Kennzeichen auffällige Färbung: Isabellen; reiner Goldton mit Metallschimmer; Mähne und Schweif schneeweiß; bis zu 15% dunkles Haar in Mähne und Schweif zulässig; Größe 140–150 cm Stockmaß.

Mechanik: Raumgreifender Schritt; Trab mit relativ viel Knieaktion; Galoppiervermögen.

Zuchtgebiete, Gestüte: USA, Texas, Kalifornien, Oregon; zahlreiche Privatzuchten; inzwischen auch in Europa verbreitet; Zuchtverbände: „Palomino Horse Breeders of America", Mineral Wells, Texas; „Palomino Horse Association", Chatsworth, California; „National Palomino Breeders Association", London, Kentucky.

Geschichtliches: Herkunft der Rasse unbekannt. Vermutlich mit spanischen Conquistadoren nach Amerika gekommen und dort unter Einkreuzung arabischen Blutes weitergezüchtet; Name soll von Begleiter des Cortez, Don Juan de Palomino, herrühren.

Pinto (Foto S. 180)

Typ und Verwendung: Gruppe der „Western Horses"; williges, gutartiges, mittelgroßes Reitpferd; Cow- oder Stockhorse, Western Show Horse, Pleasure Horse.

Exterieur: Gerader Kopf, große, lebhafte Augen, schön getragener Hals; wenig Widerrist; kräftiger Rücken; gerundete, abschüssige Kruppe; tief; kurzbeinig; auffallendstes Merkmal Schecken-Zeichnung: Unterscheidung in „Overo Pinto", dunkle Scheckung auf weißem Grund vom Rücken ausge-

hend, Beine stets dunkel; und „Tobiano Pinto", dunkle Scheckung vom Bauch ausgehend, Beine stets weiß; im allgemeinen „Tobiano"-Scheckung schärfer abgesetzt als „Overo"-Scheckung; am gesuchtesten schwarz-weiße Pintos, amerikanisch als „piebald" bezeichnet; braun-weiße und drei-farbige, zusammengefaßt als „skiebald" bezeichnet, häufiger. Daneben noch „Morocco"-Scheckung, bei der nur Kopf und Hals dunkel, während übriger Körper weiß ist. Größe 145–155 cm Stockmaß.

Mechanik: Fördernde, nicht immer regelmäßige Bewegungen in allen drei Gangarten; Galoppiervermögen.

Zuchtgebiete, Gestüte: USA und Kanada, zahlreiche Privatzuchten; Züchter-vereinigung: „Pinto Horse Association of America", San Diego, California. Auch in Mittel- und Südamerika Pintozuchten; in Nordamerika meist „Tobia-no"-Zeichnung, in Lateinamerika überwiegend „Overos".

Geschichtliches: Wie alle Western Horses spanischen Ursprungs; über lange Zeit hauptsächlich von Indianern gezüchtet. Seit 1941 eigenes Gestüt-buch. Wichtigste Stammhengste *Sheik* (schwarz-weißer Tobiano aus Kreu-zung Englisches Vollblut × Pinto) und *Sun Cloud* (braun-weißer Tobiano aus Kreuzung American Saddle Horse × Pinto).

Quarter Horse

Typ und Verwendung: „Western Horse" schlechthin. Intelligenter, sehr schneller, eifriger, harter, ausdauernder Cowpony mit ausgesprochenem „Cow Sense"; sehr wendig; ausgeglichenes Temperament und treuer Charakter, zuverlässig unterm Sattel; heute vor allem in Quarterrennen, Rodeos, Western Shows, als Pleasure Horse sowie in Trail Rides verwendet.

Exterieur: Geschlossener Rahmen; edler, kurzer Kopf mit breiter Stirn und großen, offenen Augen; tief angesetzter Hals; flacher, wenig ausgeprägter Widerrist; breite, tiefe Brust; lange, schräge Schulter; kurzer, muskulöser Rücken mit vorzüglicher Verbindung zur abgeschlagenen, gepackten, oft überbauten Kruppe; tief angesetzter Schweif; massive Vorhand; stark bemuskelte Hosen; kurze Röhren; gesunde, harte Hufe; Braune und Füchse vorherrschend, aber auch andere Farben, Schecken verpönt; selten über 150–155 cm Stockmaß.

Mechanik: Ausgezeichneter Schritt; hervorragendes Galoppiervermögen.

Zuchtgebiete, Gestüte: USA, Texas, Kalifornien; Kanada, Montana. Zahlreiche Nachzuchten in der ganzen Welt.

Geschichtliches: Entstanden aus Kreuzung ursprünglich durch Spanier nach Amerika eingeführter Pferde mit Orientalen und Englischen Vollblütern. Selektion aufgrund von Viertelmeilen-(Quarter-)Rennen, auf welcher Distanz diese Pferde besonderen Speed entwickelten. Bedeutendster Linienbegründer der Zucht *Old Sorrel*. Etwa um 1800 bereits in heutiger Form konsolidiert und unter dem Namen „Famous and Celebrated Colonial Quarter Panther" berühmt. In den letzten dreißig Jahren ungewöhnliche Renaissance der Quarterrennen. „All American Futurity Stakes" über 400 m mit ca. 600 000 $ höchstdotiertes Rennen der Welt. Ausbreitung der Rasse über die ganze Welt. Heute mit ca. 800 000 eingetragenen Pferden größter Pferdezuchtverband der Welt.

Westfale

Typ und Verwendung: Kräftiges, edles Warmblutpferd mit Reitpferdqualitäten, das sich auch für leichten Zug eignet. Hannoverschem Typ ähnlich, mit ihm blutmäßig weitgehend identisch. Nobel, gängig; guter Charakter, frommes Temperament.

Exterieur: Schöne Linienführung; ähnelt in vieler Hinsicht dem Ostpreußen und Hannoveraner; nur im allgemeinen Kopf etwas weniger edel, Kruppe etwas schräger; außerdem meist mehr Knochenstärke und Masse; großer Rahmen; schön aufgesetzter, langer Hals; gut bemuskelter Rücken; solide Nierenpartie; lange, schräge Schulter; bedeutende Tiefe; gute Rippenwölbung; schön angesetzter und getragener Schweif; kräftige Gliedmaßen mit trockenen Sehnen und Gelenken; massives Sprunggelenk; Farben vor allem Fuchs, aber auch Braune, Schimmel und Rappen; Größe 165–175 cm Stockmaß.

Mechanik: Langer Schritt; energischer, fördernder Trab; bodendeckender, elastischer Galopp; ausgezeichnetes Springvermögen.

Zuchtgebiete, Gestüte: Westfalen; Landgestüt Warendorf. Warmblutpferde westfälischer Abstammung alle Pferde, die im Westfälischen Pferdestammbuch eingetragen sind und einen Westfälischen Brand tragen.

Geschichtliches: Bereits in der Antike blühende Pferdezucht im Gebiet des heutigen Westfalen. Bis in die Neuzeit sogenannte Wildgestüte. Gründung des Landgestütes Warendorf 1826. Im Jahre 1901 nach einem Jahrhundert planloser Kreuzung Festlegung auf das Oldenburger Zuchtziel. 1904 Gründung des Westfälischen Pferdestammbuches. Seit den 20er Jahren Verdrän-

gungszucht mit dem Hannoveraner. In den letzten Jahren deutliche Absetz-
bewegung von Hannover und Entwicklung eigener Linien. Nach dem Kriege
durch Lieferung zahlreicher erfolgreicher Turnierpferde hervorgetreten.
Neben Hannover größtes geschlossenes Warmblutzuchtgebiet Deutschlands (über 10 000 Mutterstuten).

Westfriese, Friese

<u>Typ und Verwendung:</u> Kräftiges, leichtes, gängiges, mittelgroßes Kaltblut-
pferd, energisches Temperament und frommer Charakter; stabile Konstitution, langlebig und fruchtbar.
<u>Exterieur:</u> Kleiner, oft edler Kopf; kurze, gespitzte Ohren; lebhaftes Auge;
schön aufgesetzter, kräftiger Hals; reiche Mähne; kurzer Rücken; stark abfallende Kruppe, tiefer Schweifansatz; steile Schulter; Gelenke und Gliedmaßen
eher leicht; Behang; Farbe nur Rappe; Größe 160–165 cm Stockmaß.
<u>Mechanik:</u> Überragendes Trabvermögen (Harddraver).
<u>Zuchtgebiete, Gestüte:</u> Niederlande, Westfriesland; Zucht ausschließlich in
bäuerlicher Hand; Königliche Züchtervereinigung des Friesischen Pferdes.
<u>Geschichtliches:</u> Wahrscheinlich gleicher Ursprung wie Ostfriese und
Oldenburger, jedoch keine so starke Einkreuzung von Edelblut, so daß
kaltblütiger Charakter erhalten blieb. Maßgeblich beteiligt an der Entstehung der Orlowrasse (Harddraver).

Wielkopolsker Pferd

<u>Typ und Verwendung:</u> Edles, gängiges Warmblutpferd, eignet sich nicht nur zum Reiten, sondern auch als elegantes Wagenpferd.

<u>Exterieur:</u> Adel und Schönheit weniger wichtig; fester Rahmen erwünscht; genügend ausgebildeter Widerrist; lange, schräge Schulter; mächtige Hinterhand; gute Bemuskelung; ausreichende Breite und Tiefe; knochige, regelmäßige Gliedmaßen; starke, nicht zu kleine Hufe; Farbe vor allem braun; Größe 155–165 cm Stockmaß.

<u>Mechanik:</u> Langer Schritt; langer, flacher Trab; raumgreifender Galopp.

<u>Zuchtgebiete, Gestüte:</u> Volksrepublik Polen; Westpolen und südliches Ostpreußen (Masuren); 11 Hauptgestüte, von denen die wichtigsten Kadyny, Liski, Racot, Posadowo und Rzeczna sind.

<u>Geschichtliches:</u> Das alte Posener Pferd, die eine der beiden Ausgangsrassen des Wielkopolskers, entstand auf der Grundlage lokaler Kleinpferdeschläge wie des Konik mit Hilfe von zugeführtem Blut aus Ost- und Westpreußen. Die zweite Ausgangsrasse ist der stammverwandte Masure, die polnische Weiterführung der 1945 von den flüchtenden Deutschen zurückgelassenen Reste der Ostpreußischen Zucht. Zu Beginn der sechziger Jahre Vereinigung der beiden Zuchten zum Großpolnischen Pferd (Wielkopolsker). Heute Produktion eines edlen, großrahmigen Sportpferdetyps mit Hilfe ausgesuchter Englischer Vollbluthengste.

Wjatpferd

Typ und Verwendung: Ursprünglich baltische Klepperrasse; zur Gruppe des Equus caballus celticus gehörig; an der Grenze zum Kaltblut; gesunde Konstitution; lebhaftes Temperament; kräftig, willig, schnell und ausdauernd vor Wagen bzw. Schlitten, beliebtes Mittelpferd in der Troika; neben Wjatka noch zwei etwas edlere Typen: Obwinka und Kazanka.

Exterieur: Etwas langer Rücken; kurze, stämmige Gliedmaßen; erhebliche Brusttiefe; gute Rippenwölbung; edler Kopf mit Araberknick bezeugt Einschlag edlen Blutes; entwickelt im Winter gewaltigen Pelz und dicke Fettschicht als Schutz gegen Kälte; Größe ca. 132–142 cm Stockmaß, Farbe oft wildfarben, falb oder mausfalb, doch auch isabell, braun und Schimmel.

Mechanik: Bedeutendes Trabvermögen, guter Schritt.

Zuchtgebiete, Gestüte: UdSSR, Raum südlich Archangelsk, nordwestlich des Ural, im Gebiet von Wjatka, Wolodga, Perm, Kasan, an den Flüssen Obwa und Kama, meist bäuerliche Zucht.

Geschichtliches: Entstanden auf autochthoner Ponygrundlage unter Einkreuzung importierter Kalt- und Warmblutrassen. Unter den Zaren Alexis Michailowitch und Peter dem Großen Import estländischer Klepper in größerer Zahl, später auch von finnischen Kleppern, die beide während der Kreuzzüge und auch später durch die Ordensritter mit arabischen Hengsten gekreuzt worden waren. Nach der Revolution erhebliche Anstrengungen des sowjetischen Landwirtschaftsministeriums zur Verbesserung der Zucht vor allem durch sorgfältige Selektion.

Wladimirer Traktorenpferd

Typ und Verwendung: Trockenes, ausdauerndes, hartes Kaltblutpferd, feste Konstitution, energisches Temperament; Arbeitspferd für Land- und Forstwirtschaft; robust, gesund, widerstandsfähig gegen Ekzeme und Infektionen.
Exterieur: Ramskopf; langer, kräftiger Hals; gut ausgebildeter Widerrist; langer Rücken; lange, nicht sehr abschüssige Kruppe; trockenes, hartes Fundament; wenig Behang; dichtes Mähnen- und Schweifhaar; flache Hufe; Farbe meist graubraun, seltener Fuchs oder Rappe; kaum Schimmel; weiße Abzeichen (Stern und weiße Fesseln) häufig; Größe: Hengste ca. 162 cm, Stuten ca. 160 cm Stockmaß.
Mechanik: Langer Schritt, raumgreifender, energischer Trab.
Zuchtgebiete, Gestüte: UdSSR, Gebiete um Wladimir, Iwanow, Tambow und Moskau, sowie die Tartarische Republik; bäuerliche Kollektivwirtschaften.
Geschichtliches: Anfänge der größtenteils rein bäuerlichen Zucht im 18. Jahrhundert, als das Staatsgestüt Gawilow gegründet und ihm 1829 noch ein Hengstdepot angegliedert wurde. Zucht durch Import dänischer, Suffolk, Percheron und Ardenner Hengste und Stuten unterstützt. Später Einfluß von Clydesdale, seit 1910 von Shire. Nach der Revolution verstärkter Einfluß des staatlichen Zuchtschwerpunktes Gawilow; Aufbau ca. 1946 abgeschlossen; damals auch Namensgebung „Wladimirer Traktorenpferd".

Württemberger Warmblut

Typ und Verwendung: Ursprünglich mittelschweres, kräftiges, nicht zu großes Warmblutwirtschaftspferd; kurzbeinig, sehr tief, hart, gängig im Normänner Typ. Heute im Typ des „Deutschen Reitpferdes".

Exterieur: Nicht zu großer, oft recht edler Kopf; schön angesetzter Hals; gut ausgeprägter Widerrist; wohlbemuskelter, kurzer Rücken; breite, muskulöse Kruppe; stabiles Fundament, manchmal etwas kurz gefesselt; Größe 158–165 cm Stockmaß.

Mechanik: Energische, fördernde Bewegungen in allen drei Gangarten; vorzügliches Trabvermögen.

Zuchtgebiete, Gestüte: Deutschland, Baden-Württemberg; Haupt- und Landgestüt Marbach a.d. Lauter.

Geschichtliches: Gründung Marbachs 1573 als Hofgestüt; 1736 Einrichtung des Landgestüts. Ursprünglich Zucht von Arabern, Spaniern, Kladrubern, Neapolitanern. Alte Stammhengste der Zucht Anglo-Araber *Sanspareil* und Araber *Zarif*. Mitte des vorigen Jahrhunderts Begründung der Zuchtrichtung auf Normänner Grundlage; Stammhengste vor allem in Frankreich gezogene Anglo-Normänner *Faust* (Voltaire) und *Floral*. Nach dem II. Weltkrieg Umzüchtungsprozeß auf ein vielseitig geeignetes Warmblutpferd mit Reiteignung, vor allem mit Hilfe von Trakehner Blut (Trakehner Hengst *Julmond*). Verbannung der alten reingezogenen Württemberger Stuten (einschließlich Hauptstutbuch- und Staatsprämienstuten) ins Vorbuch.

Sachregister